No Rules

21 Giant Lies About Success and How to Make It Happen Now

by Dan S. Kennedy

常識の壁をこえて

こころのフレームを変えるマーケティング哲学

ダン・S・ケネディ［著］
金森重樹［監修］
池村千秋［訳］

CCCメディアハウス

常識の壁をこえて

——こころのフレームを変えるマーケティング哲学

NO RULES:21 Giants Lies About Success
by Dan S. Kennedy

Japanese translation rights arranged with
The Jeff Herman Agency, LLC in Massachusetts
through The Asano Agency in Tokyo.

監修者解説

金森重樹

なぜ今、ダン・ケネディなのか

ダン・ケネディは、米国のダイレクトレスポンスマーケティング業界のカリスマであるとともに、成功哲学の世界でも著名人です。

本書は、一九九九年にティビーエスブリタニカから『ビジネス版悪魔の法則　ポジティブ思考のウソを斬る』として出版され、絶版になった後も、マーケターや成功哲学ファンの間では高く評価され、定価の一〇倍近いプレミアムがついて取引されてきました（なお、本書は旧版で翻訳の際にカットされた部分も収録されています）。

本書は、これまで社会の暗黙のルールとされてきた多くの原則に異議をとなえるものです。

ＩＴによる情報化社会が本格化し、エスタブリッシュメントとされてきた層に取って代わって若手のＩＴ企業家が社会の中枢に入り始めています。

そんな中で、これまで社会の暗黙のルールとされてきたものは、実は先にやってきて良い席にぬくぬくと腰を掛けたエスタブリッシュメントが、あとから来た連中に席を横取りされないために作ったルールであったり、自分達の保身のために彼らに有利に作られた不平等なルールであったなどという虚構性が明らかになってきています。

僕らがエスタブリッシュメントに特攻を掛けて、彼らを良い席から叩き出して、僕らが本来居るべき場所に座るためには、まず彼らのウソのルールを熟知したうえで、そのルールに乗らないということが大切なんじゃないかと思います。

その意味で、本書は僕らが教えられてきて、すでに僕らの思考の一部になってしまった価値観のうち、成功にとって障害となる価値観を否定し、これを意識的に入れ替えるための有効なツールを提供してくれます。

ダブルバインド

本書を監修していて感じたことのひとつは、古くから言われている格言は、誰にとってもどのような状況においても妥当するものではなく、おのずから有効範囲があるということです。

具体的には、例えば、最近は自己アピール法とかセルフブランディング法とかが巷で喧伝されています。

しかし、実際にセルフブランディングをやろうと思っても、大半の人は上手くいきません。今一つ上手く行かない理由はダブルバインドの状態にあるということが原因ではないでしょうか？

ダブルバインドとは、同時に相矛盾する二つの次元のメッセージを受け取った者が、その矛盾を指摘することができず、しかも応答しなければならないような状態をいいます。

サラリーマンは会社においてはビジネスで成果を上げるためには、自己アピールを上手くすることが要求されます。

ところが、一方で、村社会でもある日本では、会社においてはチームワークが要求されており、単独で目だった行動をすること、傑出した成果を出すことはスタンドプレーとして嫌われます。

したがって、会社の中での孤立を恐れるサラリーマンは、暗黙のうちに「謙譲の美徳」とか、「実るほど頭を垂れる稲穂かな」とかを要求されています。

実際には、そんなことを言う上司に限って、偉そうだったり、その発言は部下の業績を妬む心から生まれていたりするわけですが……。

このように、潜在意識の中で皆と違う行動をすることが妨げられていて、そのような状態で自己アピールなりセルフブランディングなりをする方法を学ぶわけですから、その人は二重拘束＝ダブルバインドの状態にあり、上手くいく筈がありません。

過度の一般化

ところが、「謙譲の美徳」とか、「実るほど頭を垂れる稲穂かな」とかいうのは、実際はあくまで村社会の内部において妥当するわけです。

外部との関係で言えば、ビジネスの戦場において「謙譲の美徳」とかいって、後ろを見せていたのでは後ろからブスッとやられるわけでして、相手の市場に土足で入っていって遠慮無く奪い去る必要があります。

ダン・ケネディも第４章で「相手が誰であろうと臆することなく自分を売り込む勇気がなければ、なめられて追い返されるだけだ。ドアを思いきり強く叩いて、腹の底から大きな声で叫び、弱気の虫を頭から追い払い、話に耳を傾けてもらうためならなんでもやるという覚悟をもたなければ、顧客や消費者は見向きもしてくれない」と述べているとおりです。

その意味では、「謙譲の美徳」とか、「実るほど頭を垂れる稲穂かな」とか言うことわざは、あくまでもサラリーマン社会の内部において妥当する内容であって、外の競争の世界では必ずしも妥当しない場面が多いということです。

つまり、何をいいたいかと言うと、「ことわざというものは過度の一般化をして使ってはならない」と考えます。

あることわざは、安易に一般化して使うべきものではなく（そもそも、そのようなことわざがどのような社会環境の下でつくられたのかを吟味して考える必要があり）、ことわざに反する行動に対して罪悪感を抱く必要はないと考えます。

いま自分が置かれた環境においては、ことわざに従って行動することが効用をもたらすのか、あるいは足を引っ張ることに成るのかを判断して行動するのでないと、僕らは無意識のうちにダブルバインドに足を引っ張られて身動きの取れない状態になっているのかもしれませんね。

たとえば、顧客に対して傲慢であっていいのか悪いのかは、そのおかれた環境によって判断すべきであって、それを過度に一般化して「すべてのお客さんに対して傲慢であれ」というのは明かに間違いです。また、逆に「お客さまは神様です」というのも間違いです。

データベースマーケティングにおいては、スコアリングモデルによって収益性の高いお客さまを大切に、そうでないお客さまをそれなりに扱うことは何ら非難されるべきものではありませんので。

これは、第12章の「お客様は神様です」のウソでも述べられているとおりですね。

僕もうっかりすると、道徳とビジネスを混同してしまい勝ちなんですが、本書を監修しながらつくづく考えさせられました。

先に述べた、「僕らが教えられてきて、すでに僕らの思考の一部になってしまった価値観のうち、成功にとって障害となる価値観を否定し、これを意識的に入れ替える」ということについて、僕の実際に経験した事例をあげておきます。

他人の家に土足であがりこむ

人間は、たいていの場合、自分が本当に持っている力の数分の一の実力しか発揮していない場合が多いものです。

そして、それを自分の精一杯の実力と錯覚して、自分の持つ実力を過小評価している場合が大半といっていいと思います。

成功を阻む最大の障害は、実はみずからの心のあり方にあったりします。

僕は、会社をやめて行政書士をはじめたときに、同業の先輩から「この業界は平均年収三〇

○万円だ。石の上にも三年というだろ。一生懸命、どんな小さな仕事でも、コツコツと積み重ねていくようにすることで、だんだん信頼が得られるようになる。大きな仕事が舞い込んでくるのに、三年はかかるものだよ。僕もそうして、今の事務所を築いてきたんだ。まずは、以前に勤めていた会社に、それから、今まで名刺を交換した人にあいさつにいきなさい。それが終わったら、親戚に……」といわれました。

たしかに、日本行政書士会連合会の一九九四年五月に実施したアンケートを見ると、業界の平均年収は次のようになっています。

年収一〇〇万円未満……四〇％

年収一〇一万円～三〇〇万円……二二％

年収三〇一万円～五〇〇万円……一二％

実に六二％の方が年収三〇〇万円以下なのですね。

でも、平均ってなんでしょうか？

片足を熱湯に突っ込んで、もう片足を氷水に突っ込めば、平均すると「あ～いい湯だ」となるのでしょうか？

この平均年収というものこそ、常識の壁に他ならず、自分のもつ能力を壁の中に封じ込んで飼い殺しにするものです。

僕は、その時、「この人は、自分で自分の能力を去勢していることに気づいてない」と感じました。

人間は、その人の持つセルフイメージ（自分自身についてどのように捕らえているかという自己像）以上には、大きくなりません。

人間には、自分のセルフイメージが心地よいと感じる領域（コンフォートゾーン）があります。

先の行政書士の例でいいますと、仮にあなたのセルフイメージが「自分は、開業してから三年は年収三〇〇万円も稼げたら御の字の人間だ」というものでしたら、上限年収三〇〇万円があなたのコンフォートゾーンです。

そうすると、年の途中でコンフォートゾーンを超えて稼ぎそうになったときに「本当に自分は、こんなに稼いでもいいのだろうか。これは本来の自分の実力じゃない。今はたまたまうまくいっているだけで、一年間終わってみたらやっぱり三〇〇万円くらいなのだろうな」と自分がうまくいっていることに対して落ち着かなくなるのです。

そして、その人は自分のセルフイメージにあわせるように無意識に営業の手を緩めるのです。

そうすると、最終的には一年を通して見たときに年収三〇〇万円くらいで落ち着いて、「ああ、やっぱり自分の実力は年収三〇〇万円程度なのか」とあきらめながらも、自分自身でその数字を快適だとおもってしまいます。

人間は失敗するのが怖いのと同時に、コンフォートゾーンを超えて成功することも恐れているのです（成功回避傾向といいます）。

そうすると、どんなに口では「売り上げをあげるぞ！」と掛け声をかけてアクセルを踏んでも、同時に心がブレーキを踏んでいるのですから、前にすすめなくなってしまうわけです。

これは、第1章の「無理にモチベーションを高めることの落とし穴」で出てきます保険外交員が「毎朝ミーティングを開いてポジティブな標語を唱え、社歌を歌って机のまわりを行進したり、やる気を高めるテープを聴いたりビデオを見たりしてテンションを高め」「やる気満々で勢いよく外に飛び出していく」ものの、夕方になると「午前中のやる気は見るかげもない。足を引きずり、肩を落とし、うなだれて」すっかり意気消沈してしまっているのと同じ構図ですね。

自分のコンフォードゾーンを変えることなくただひたすらやる気だけを高めることは徒労に終わります。

ダン・ケネディいわく「意識的に目標を定めて、意識的に考えを変えても、それが無意識のセルフイメージや信念と合致しなければ、効果は乏しく長続きもしない」という訳です。

これが、先の先輩行政書士の成功できない原因です。

そんなことを僕がお話しますと、読者のあなたは「じゃあ、お前、評論家みたいな偉そうなことといって、自分はどうなんだ」という突っ込みを入れたくなると思います。

僕は、実は本書の忠実なる実践者でありまして、「他人の家に土足であがりこむ（しかも礼儀正しく）」をモットにしています。

ですから、僕は行政書士というマーケティングの素人ばかりの業界に参入したとき、新人だからといって遠慮していないで、情け容赦なくマーケティングのプロとしての腕を振るいました（詳しくは、『行政書士開業初月から一〇〇万円稼いだ　超・営業法』（ＰＨＰ研究所）及び『インターネットを使って自宅で一億円稼いだ！　超・マーケティング』（ダイヤモンド社）で述べています）。

そして、結論から言いますと石の上にも三年の、その三年目には業界平均の三三倍の年収一億円を突破しました。おそらく、これは行政書士業界が始まって以来の一億円突破の業界最短レコードでしょう。その過程で、業界の古参といわれる方が僕に論戦を挑んできたり、行政書士会に懲戒請求をかけてきたり、裁判で訴えてきたり、その反発たるや、面白いくらいでした。

僕は、これは大変にいい傾向だと思いました。

ダン・ケネディの言葉を借りれば、「他人を怒らせる覚悟がないと（そして実際に反発を買わないと）人を動かすことはできない」ですし、「面と向かって相手の気分を害する発言こそが、一部の人には強烈なインパクトを与える」わけですから。

飛行機が離陸するとき、風の抵抗を受けます。そして、加速によって一定の速度に到達したときに離陸するわけです。それと同じで業界の抵抗が大きければ大きいほど、向かい風をうけて速度をあげて進んでいけば上昇気流に乗ることができるのです。

それを、皆が反対しているからという理由で手を緩めれば、たちまち飛行機は失速して墜落してしまうでしょう。


法律家は金じゃない？


経済戦争に敗れた古参たちは、今度は別のルールを持ち出してきました。

「法律家は金じゃない。金儲けに走る人間はだめだ」というルールです。

でも、結局のところこのルールに乗っかると馬鹿を見ます。

ダン・ケネディは、第4章で「ビジネスの世界では、自分のアイデアや情報や利益を守るために、そして自分の知識と専門技能に対して少しでも高い料金を得るために最大限の努力をしなければらない」「自分の知識や専門技能や時間をただでくれてやろうなどと、決して考えてはいけない」と述べているように、ここで金を罪悪視するルールは否定するに限ります。

「法律家は金じゃない」という古参に限って、セコかったり、金に汚かったり、貧乏たらしかったりします。

なんで「法律家は金じゃない」なんてルールを持ち出してくるかというと、これは、自分が稼げないという現実を合理化するためなんですね。

人間は、自分の欲求不満が合理的な方法で解消されない場合に非合理な適応の仕方で自分を守ろうとします。これは、フロイトが打ち出した防御規制という概念です。このうちで、「合理化」というものがあります。これは、自分の本当の欲求を自己欺瞞で偽り、自分が今置かれている状況を正当化しようとすることです。

イソップ物語に「酸っぱいブドウ」という話があります。あるキツネがブドウを見つけました。けれどもそれは高いところにあって、手が届かないので食べることができません。そこでキツネは「あれば、酸っぱくておいしくないんだ」といった、という話です。

ブドウの価値を相対的に引き下げることによって、自分自身の欲求不満を処理しているのであって、その本質は「負け惜しみ」です。

この古参の先輩だって、稼ぎたかったろうし、がんばっていた時期もあったと思います。ですが、いろいろとやってみた結果、自分には金儲けの能力がないとはっきりとわかった結果、欲求不満が生じたわけです。その結果、自分の金儲けに対する欲求と、自分が今おかれた状況である「稼ぐ能力がない」という現実のギャップを解消しようとして「自分は行政書士を金儲けのためにやっているんじゃない」という発言が出てくるわけで、その本質は「羨望、嫉妬、負け惜しみ」ですね。

もしあなたの脳の思考パターンが以上に述べてきたような貧乏ウイルスに汚染されているとしたら、もう一度自分の価値観をインストールしなおす必要があります。

そんなとき、本書は、自分の中にある成功にとって障害となる価値観を否定し、これを意識的に入れ替えるための有効なツールを提供してくれるわけです。

さて、これだけぎっちりと申し上げれば、あなたも読んでいて腹が立ってきたでしょう。だとすれば、僕の監修の目的は十分に果たされたわけです。

世の中は、運にしても資力にしても能力にしても、不平等にできています。平等なのは学校の教室の中だけで十分です。

そんな不平等な世の中でハンデを跳ね返して成功を収めるには、常識の壁をこえることが不可欠です。

人間の潜在能力は無限です。その潜在能力が、常識の壁をこえて高度に発揚されるときに圧倒的なパワーをもたらすことは、本書のたくさんの事例、僕の事例をみても明らかです。

これが、僕が本書を『常識の壁をこえて』と名づけた所以です。

本書は心のあり方を中心とした内容となっています。本書で心のフレームを変えた後で、具体的なマーケティングのノウハウを知りたいという方のために、僕のＨＰ（http://www.kanamori.biz）では無料でマーケティングに関する情報をメルマガ「回天の力学」で提供しています。本書を読み終えたら、こちらものぞいてみて下さい。

さあ、あなたも常識の壁をこえて、成功の扉を開いてください。なんなら、扉をバールでこじ開けてもバーナーで焼き切ってもかまいませんよ。だって、『no rules（原題）』（ルールなんていらない）のですから。

常識の壁をこえて——目次

装幀／清水良洋（Push-up）
監修者エージェント／アップルシード・エージェンシー
http://www.appleseed.co.jp/

成功したけりゃルールを破れ！——はじめに

私は、教わったルールをことごとく破ってきただけではない。そんなルールがあることすら知らずに破ってきたルールもたくさんある。

マーチン・スコセッシ（映画監督）

私たちは、とかく「ルール」を欲しがる。

キリスト教徒なら「モーゼの十戒」という立派なルールがあるからもうよさそうなものだが、十戒をきちんと守っている人もろくにいないくせに、みんなして新しいルールを欲しがるのだ。

首都ワシントンには、これまでに議会がつくったおびただしい数の法律がある。ところがそれでもまだ足りないらしく、議員の働きぶりは、つくった法律の数で評価される。

自己啓発や成功哲学の世界でも、誰も彼もが新しいルールを唱えている。自己啓発の古典とも言うべきナポレオン・ヒルの『思考は現実化する』が紹介しているルールは一三個。ベストセラーになったスティーブン・コヴィーの『７つの習慣』が提唱するルールは、その名のとおり七つだ。

著名なビジネススピーカーのジグ・ジグラーは「成功を収める人間の資質」を唱えている。湾岸戦争で多国籍軍を率いたノーマン・シュワルツコフ将軍も、リーダーシップに関するセミナーで演壇に上がると「ルールその三一」だの「ルールその二」だのに言及する。

しかし、このようなルールは実際のところ、どの程度役に立つのだろう。

常識なんてくそ食らえ

一九六〇年代まで、陸上競技の走り高跳びのコーチはみながみな、正面を向いたまま頭からバーに跳び込めと選手に教えていた。この指導は理屈にもかなっていた。跳び込む先が見えている方が怖くないし、助走の勢いをそのまま跳躍力に変えるためにも真っすぐ跳び込むほうがいいはずだ。

だが、そんな常識をあざ笑うかのように、あるとき、ディック・フォスベリーという若者が体をひねって背中からバーを越えてみせた。助走してバーの前まで来ると、右足を軸に一八〇度体を回転させ、空中であお向けになってバーを越したのだ。タイム誌は、「いまだかつて考案されたなかで最も滑稽な跳び方」と書いた。みんながばかにして笑った。公式の大会ではこの跳び方を認めるべきでないという声すらあがった。しかし、フォスベリーはこの「背面跳び」で大会に出場し続け、とうとうオリンピックまで制し、専門家を悔しがらせた。

これは、「常識」がコケにされたほんの一例にすぎない。

ルールは破られるためにある

この本は常識や格言の類いを打ち破ることをめざしている。しかし結局のところ、「ルールは破られるためにある」という最もありふれた格言こそ、究極のルールなのかもしれない。

背面跳びのエピソードで思い出した。私は子供のころ、バスケットボールをして遊ぶときに、野球のボールを投げるみたいに片手でフリースローを投げていた。それでも、ほとんどはずしたことがなかった。中学に入ると、体育の教師にしつこく指導されて自己流の投げ方を改め、ゴールの正面に立って両手で投げる普通のフリースローのやり方を覚えた。ところがこの「正しい」投げかたをマスターすると、三回に二回はフリースローをはずすようになってしまった。その教師は、私のバスケットボールへの情熱も奪ってしまった。こんなばかげた「ルール」をおしつけられなければ、ひょっとするとバスケットボールを続けて奨学金をもらって名門大学に進み、いまごろはNBAのスーパースターになっていたかもしれないのに。

私はいつも常識という常識をすべて疑ってかかってきた。そのせいで、子供のころ教会の教理の講義に出席するのを遠慮してほしいと言われたことがある。牧師を質問攻めにして迷惑がられたのだ。名前は忘れてしまったけれど、牧師がいつもダボダボのズボンをはいていたことだけは覚えている。私の質問攻めに腹を立てると、顔を真っ赤にして飛び跳ねた。牧師のズボンの裾がまくれ上がって、すねがどこまで見えるかで、私はその日の「成果」を測ったものだ。

質問ばかりしていた子供はどんな大人になったか

私の本業は広告の制作だ。広告の世界には、いい広告をつくるための鉄則といわれているものがごまんとある。業界の常識なるものも掃いて捨てるほどある。私はそうした鉄則や常識をことごとく破ることによって、成功を収めてきた。

非営利団体向けのファンド・レイジング・マネジメント誌に以前、マル・ワーウィックという広告マンが「いいコピーを書く一一の法則――そしてそれらをどうやって破るか」と題した一文を寄せた。ワーウィックがなにを言いたいかは読者のみなさんもおわかりだろう。どの世界にも成功のためのルールと呼ばれるものがあるが、それは破られるためにあるのだ。

ダイレクトレスポンス広告の世界には、三〇年以上にわたって、新聞や雑誌に掲載する文字中心の全面広告をつくる場合の「定石」とされてきた方法論がある。ページの右下に資料請求券ないし申込用紙（「クーポン」と呼ばれる）をつけるというものだ。そのクーポンを広告の本文よりも目立たせる。たいてい太い波線でクーポン部分を区切って、でかでかと「無料お試し券」「申込書」などと書く。フリーダイヤルが登場してもクレジットカードでの支払いが普通になっても、この定石は変わらなかった。それは、私やマーク・ハロルドセンなど一部の広告マンが新しいやり方を始めるまで続いた。

しかし、いまや新聞・雑誌の全面文字広告のほぼ三分の一は、私たちが先鞭をつけた「クーポンなし広告」だ。本文中に注文方法が順を追って示してあり、消費者はフリーダイヤルに電話するか、住所・氏名などの必要事項を書いてファクスか郵便で送る。クーポンはどこにもない。クーポンなしの広告に切り替えると、読者の反応が良くなった。たぶん、広告に目を通してくれる人が増えたのだろう。クーポンがなければ、普通の記事みたいに見えるからだ。

しかし八〇年代後半になると、私はこの「クーポンなし広告」の方法論を破る広告のつくり方を模索しはじめた。いまではすっかり普及しているその新しい方法とは、クーポンはなしで、商品やサービスの内容を詳しくまとめて枠で囲って示すというものだ。このスタイルは定石に反するばかりでなく、理屈にもかなっていない。ひと目見ただけで、記事ではなく広告だとわかってしまう。しかも、クーポンつき広告と違って申し込みに便利なわけでもない。それなのに、この常識破りの広告は大成功を収めた。

その理由はなんだったのか。それは、私にもわからない。ときとして、ルールを破るためだけにルールを破ることがいい結果を生む場合もあるのだ。

絶対に正しいルールなんてない

もしかすると、この本のいちばんいいところは、このなかに書いてあることにさえ疑問を投げかけていることかもしれない。

ノートルダム大学で経営学を教えている友人のハーブ・トゥルーがこんなことを言っていた。一つのテーマについて異なる見解をとる複数の参考文献を読ませると、最近の学生は「誰の言っていることが正しいのか」と教えてほしがるという。学生たちの考えるように物事が単純なら、どんなにいいだろう。アドバイスや指南はいつも一つにしてほしいとも思う。だが、どんな状況にも通用する万能のルールなど、現実には存在しないのである。仮にそんなルールを知っている人間がいたとすれば、その人は常にそのルールがほんとうに正しいのか疑念をもっているはずだ。いつでもどこでも誰にでも通用する「正解」を知っていると信じ込んでいる人間とは、ガイアナで集団自殺したカルト教団「人民寺院」の教祖ジム・ジョーンズのような人間だ。自分の知っているルールに絶対的な確信をもつ人間は危険きわまりない。

成功哲学の世界は「ルールの王国」

一九七五年以来、私は本格的に成功哲学の世界で仕事を始めた。『人を動かす』で知られるデール・カーネギーに始まり、セミナー講師、著述家、心理学者など、実に大勢の人間がこの世界に棲息している。私はここ数年、三分の一の時間をセミナー講師としての仕事に割き、年間二〇万人以上の聴衆を相手に講演をしている。これまでに手がけた成功哲学の本やカセットは、何百万ドルもの利益を私にもたらしている。

この本で私は、自分に莫大な利益をもたらしてくれているこの成功哲学の世界に、徹底的に批判の目を向けていく。ビジネスや人生全般で成功を収めるための法則とされる古典的な方法論や格言にもメスを入れる。これからウソを暴いていく格言には、成功哲学の業界の大切な「宝」も少なくない。この本を読んで不愉快に思う同業者もいるだろう。それならそれで一向に構わない。私に言わせれば、少なくとも一日一回は他人を怒らせるようでなければ、意味のあることを言っているとは言えない。一冊の本で何十万もの人間を怒らせるチャンスは、私にとって抗しがたい魅力がある。

いまあなたが従っているルールも、いつか変わる運命にあるのかもしれない。ではこれから、ビジネスの世界に「君臨」するルールのウソ／ホントを具体的に見ていこう。

第1章 「ポジティブ思考」のウソ

思考は、体制をくつがえす。革命を起こす。秩序を打ち壊す。まったく、恐ろしい代物だ。思考は、特権や、既存のシステムや、快適な習慣には容赦しない。そして平気で地獄の淵をのぞき、恐れることを知らない。

思考は偉大であり、迅速であり、自由である。それは世界を照らす明かりであり、人間のもつ最も偉大な能力である。

バートランド・ラッセル（哲学者）

悪の感情を成功の原動力にする

一九九六年のケンタッキーダービー。このアメリカ競馬の三冠レースの第一弾に、ウェイン・ルーカス調教師は、プリンスオブシーブズとグラインドストーンという二頭の馬を送り出していた。鞍上は、プリンスオブシーブズにパット・デイ、グラインドストーンにジェリー・ベイリー。いずれもアメリカのトップジョッキーだ。

人気を集めていたのは、プリンスオブシーブズ。グラインドストーンはまったくの人気薄だった。ところがいざゲートが開くと、エンジンがかからないまま終わってしまったプリンスオブシーブズに対し、最後の直線で驚異的な追い込みを見せて勝利をさらったのはグラインドストーンだった。

しかしグラインドストーンはレース中に脚を故障し、三冠レース第二弾のプリークネスステークスに進むことなく、そのまま種牡馬生活入りしてしまった。するとルーカスはなんと、プリンスオブシーブズの騎手をデイからベイリーに替えることを決めたのである。過去四度プリークネスステークスを制した一流ジョッキーのデイにとっては、耐えがたい屈辱だ。この乗替は、競馬関係者やファンの間で大いに物議を醸した。しかしこれが、後の大逆転劇の序曲となるのである。

二週間後のプリークネスステークスで、一番人気になったのは、ベイリーのプリンスオブシーブズ。スタンドには、いつものように記者に取り囲まれたルーカスの姿があった。プリンスオブシーブズを下ろされたデイは、別の厩舎のルイカトルズという馬に騎乗していた。ケンタッキーダービーでは一六着と大敗し、今回はまったく人気のない馬だった。

しかし、スタートで出遅れたルイカトルズをうまく立て直したデイは、先頭に立つとそのまま後続を振り返ることなく、約一九〇〇メートルを逃げ切った。走破タイムの一分五三秒五は、一二年前のレースレコードに並ぶ好タイムだった。

ゴール前を駆け抜けるとき、デイは馬上で立ち上がって、まずスタンドのルーカスのほうを、続いてテレビカメラを見ると、誇らしげに片手を突き上げて叫んだ。「やったぞ！」

それは、正当に評価されなかったり屈辱を味わわされたりした人間が勝利を収めたすばらしい瞬間だった。全米のジョッキーは、人気薄の馬を駆ってレコード勝ちした好騎乗に喝采を送り、デイがルーカスを見返したことに胸のすく思いをした。

この運命のレースに臨んだデイを突き動かしたのは、決して慈愛に満ちた純粋で崇高な感情ではなかった。復讐心が原動力になったのだ！

なんらかの形でコケにされた経験のある人なら誰でも、デイの気持ちが痛いほどよくわかるはずだ。この年のプリークネスステークスで、私はルイカトルズの馬券を買っていた。デイにルーカスの鼻を明かしてほしい。理由はそれだけだった。この日、講演を終えると、ホテルの部屋でテレビの前に陣取り、身を乗り出して声援を送った。デイがルーカスに向かって勝利のポーズを見せつけたときは、思わず「よし！」と叫んでいた。

そのとき私は二〇年ほど前に聞いたあるスピーチのことを思い出していた。スピーカーは、アムウェイ・ビジネスで成功したチャーリー・マーシュという男性だった。マーシュは警察官やバスの運転手、牛乳運搬車のドライバーなどの仕事に就いたが、どれも長続きしなかった。事業を始めてもうまくいかなかった。ネットワーク販売の仕事を始めたときも、友人や親戚に鼻で笑われた。ある夜、自宅ではじめて商品説明会を開いたときのこと。友人たちを招いてあったのに、誰も来ない。七時、七時半、八時、八時半。時間ばかりが過ぎていく。とうとう誰も来ないと悟ったマーシュは、バスルームに閉じこもってしまった。妻の目がつらかった。鏡に映った自分の姿は、負け犬以外のなにものでもなかった。自分自身とすべての友人・知人に対する怒りが沸々とわいてきた。

周囲の予想に反して、マーシュはネットワーク販売の仕事に成功し、年収は最低でも二五万ドルを超すまでになった。その力の源になったのは、あの晩友人たちがとった冷たい態度への怒りと失望だった。成績優秀者へのごほうびにもらった船旅に出発するとき、マーシュ夫妻は港に友人、隣人、親戚を招いた。紙吹雪が舞うデッキに立ったマーシュは、シャンパンの注がれたグラスを片手に、かつて自分を嘲った人たちを見下ろして、勝ち誇ったように中指を突き立てた。

正直に白状する人はほとんどいないが、大きな成功を収めた人のなかにも、決して褒められたものではない「ネガティブ」な悪の感情を原動力にした人が少なくない。成功するための方法を説いた本は数知れないが、この事実を指摘しているものはないように思う。逆に、大半の「成功法」本は、ネガティブな感情を捨て、すべての人を許し、ポジティブで楽しいことだけを考えよと説く。こうした教えは一見すると、正しいように聞こえる。しかし現実を見る限り、それは大嘘なのだ。これは、「ポジティブ思考」という考え方が誤解されている一例にすぎない。

誤解されている「ポジティブ思考」

ノーマン・ビンセント・ピール牧師の書いた『積極的考え方の力』という本は、最もよく読まれている自己啓発本のひとつだ。しかし私が思うに、いまは亡きピール牧師ほど誤解されている人も珍しいのではないだろうか。「ポジティブ思考」の誤解例をいくつか見てみることにしよう。

☆誤解1　「ネガティブなことを考えるな」

成功法のセミナーなどで、ポジティブ思考の例としてよく紹介されるジョークがある。ある男が三〇階建てのビルの屋上から足を滑らせて落ちてしまった。地面に叩きつけられて死ぬのは間違いない。落ちていく男に、一五階の窓から誰かが声をかけた。「気分はどうだい?」。男は落ちながらこう叫び返した。「いまのところは最高だよ」

営業会議やセミナーで繰り返し紹介されてきたジョークだ。しかしこれは、ピールの説いたポジティブ思考の適切な例とは言えない。むしろ、絵に描いたような愚か者の行動と言わざるを得ない。

物事が成功する可能性に疑問や疑念を抱くのは、「ネガティブ思考」に陥っている証拠で、そうした考えは頭から追い払うべきだと言われる。だが、そういった発想は不健全で愚かなものだ。たしかに、シニシズムは健全とは言えないし、楽観的でいることは有益だし好ましい。しかし、根拠のない楽観主義をかたくなに持ち続けることは愚行以外のなにものでもない。

企業の営業部門の責任者にアドバイスしたい。毎週の会議で、ポジティブ思考をするよう口やかましく部下にハッパをかけるのはやめよう。それよりも、しっかり準備して会議に臨み、中身のある有望なマーケティング・販売戦略を示して、部下が楽観的になれる根拠を与えるように心がけたほうがいい。

セールスマンや交渉担当者など、他人を説得する必要のある人には、「悪い事態を想定することの効用」を強調したい。相手が突きつけてくる可能性のある批判や反論をすべて想定し、自分の製品やサービス、提案の欠点や弱点を全部洗い出しておくのである。ネガティブな材料をあらかじめすべて紙に書き出してから交渉に臨む。そうすれば、好ましくない事態が起きても不意をつかれずにすむ。

ウォルト・ディズニーの元側近で、現在はクリエーティビティーに関する講演にひっぱりだこのマイク・バンクスはこう語っている。「デール・カーネギーの『愉快でも不愉快でも微笑みをたやさずに』というアドバイスを究めるのもいいけれど、もっといいのは、愉快になれる理由をつくることだ」

☆誤解2「ポジティブ思考はすべての問題を解決する」

ピールの著書をくまなく読み、実際に本人と長時間話した経験から言わせてもらいたい。部屋の隅に座ってポジティブ思考をしていれば黙っていても空から金が降ってくるなどと、ピールは断じて言っていない。しかし世の中には、「自分はツイている、自分はツイている」と毎日唱えてポジティブ思考でいさえすれば人生が変わると思い込んでいる人があまりに多い。

どんなに物事を楽観的に考えても、下ろしたてのネクタイにコーヒーをこぼすこともあれば、車のタイヤがパンクすることもある。大きな契約がぽしゃることもあれば、だまされたり失望させられたりすることもある。ポジティブ思考で人生のトラブルをすべて取り除くことはできない。それはあくまでも、トラブルにうまく対処するための道具にすぎないのだ。

ポジティブ思考を魔除けのお守りのように考えている人は、結局は失望し、落胆するはめになる。いやなものから目をそらしている人は、運がよければハッピーな生活が待っているが、猛スピードで走ってくる列車の前に飛び出してしまう可能性もあるのである。

☆誤解3　「崇高かつポジティブな感情だけが成功をもたらす」

パット・デイやチャーリー・マーシュの例を見れば、これが誤りだとわかるだろう。何年か前に、NFLのカンザスシティー・チーフスがオークランド・レイダースを下して、レイダースのプレーオフ進出を阻んだことがあった。この試合のチーフス勝利の原動力になったのは、ベテランのランニングバック、マーカス・アレンの頑張りだった。アレンはレイダースのオーナー、アル・デービスへの憎悪を胸に試合を戦っていた。レイダースに所属していた当時、二年近くベンチを温め続けて選手生命の危機にさらされたことがあるのだ。「アル・デービス」と聞いただけで胸がむかむかすると言うアレンが、レイダース戦で飛び抜けていい働きをしたのは言うまでもない。

仕事熱心にはほど遠く見えるコメディアンのディーン・マーチンも、ジェリー・ルイスとのコンビ解消後の数年間ほど真面目に働いたことは後にも先にもなかったと言う。その原動力になったのは、自分の将来を不安視した批評家や友人たちへの怒りだった。才能豊かなルイスあってのマーチンだというのが大方の見方だったのだ。

あるインタビューで、マーチンはこう言った。「ジェリーに見せつけてやれたと思う」。実に率直な言葉である。このように、さまざまな分野で目を見張るような成功を収めた人のなかには、「目にもの見せてやる」という気持ちが励みになったと打ち明ける人が少なくない。

一方、不安や恐怖心に突き動かされて頑張る人も多い。破産したことが世間に知れわたるという屈辱から立ち直って年商二〇〇〇万ドルの事業を築いたある実業家は、こう話してくれた。朝起きて、一生懸命仕事に精を出す。問題は早めに見つけ出して、その芽を摘み取るようにしている。それでも夜ベッドに入ると、なにかミスをしたのではないかと心配で仕方がない。翌朝、目が覚めたら、すべてがご破算になっているのではないかと思うと不安でたまらなくなる。「ある日突然、いくら広告を打っても誰も見向きもしなくなったらどうしよう」と思う。だから、朝起きたらまた仕事に励む……。

なにをモチベーションの材料にするかについて、他人にとやかく言われる筋合いはない。その人によってそれが有効なら、それでいい。たしかに、怒りや復讐心、失敗することの恐怖といった感情は、人間関係を壊したり健康を損なったりといった不愉快な「副作用」を生むこともある。しかし、このようなネガティブな感情が好ましい結果を生む場合もあることを認めないのは、あまりに甘い考えだと言わざるをえない。

サクセスストーリーの主人公を動かした真の原動力は、おうおうにして、ハッピーでポジティブな感情とはかけ離れている。それが現実なのだ。

ポジティブ思考の最大の弱点

心理学にも造詣の深い形成外科医のマクスウェル・マルツが『自分を動かす』という本を出版したのは、一九六〇年のことだ。この本は、刊行と同時にベストセラーになり、自己啓発の分野に一大革命を引き起こした。これまでに三〇〇〇万部あまりを売り上げ、マルツの没後三〇年以上たった現在でもまだ売れ続けている。

この本でマルツは、どんなに真剣にポジティブ思考を実践しても、思うように人生を好転させられない場合が多い理由を説明している。刊行当時、この本の過激な主張は激しい論争の的になった。しかしいまでは、自己啓発の本やテープ、セミナーなどはほぼすべてと言っていいほど、マルツの主張を取り入れている。

簡単に言えば、どんなにポジティブ思考を心がけても、どんなに強い決意と自制心をもとうと努めても、ネガティブなセルフイメージを打ち消すことはできないと、マルツは考えた。言い換えれば、セルフイメージと矛盾する決意を立てても絶対にうまくいかないということだ。ダイエットが長続きしないのも、新年の誓いが三日坊主に終わるのも、これで納得がいく。

ある人間が「できること」と「できないこと」を決めるのは、その人のセルフイメージだ。たとえば、「救いようのない運動オンチ」という強いセルフイメージをもっている人がいるとする。その人がゴルフのレッスンを受け、レッスンビデオを見て、いろいろな道具を買い集め、理想的なスイングについて学んだとしても、いざコースに出ると、頭にしみついた悪いセルフイメージどおりの結果しか生まれない。

意識的に目標を定めて、意識的に考え方を変えても、それが無意識のセルフイメージや信念と合致しなければ、効果は乏しく長続きもしないと、マルツは確信していた。そこで開発したのが「メンタルトレーニング・エクササイズ」だ。自分がどのようなセルフイメージをもっているか知り、それを好ましい方向に変えるためのトレーニング法である。

このメンタルトレーニング・エクササイズは、多くのスポーツ選手や芸能人、ビジネスリーダーたちに活用されている。私が一〇代のころ、どんな方法を試しても効果のなかった重度の吃音を克服できたのも、マルツのメンタルトレーニングを実践したからだった。そのおかげで、吃音に苦しんでいた子供がいまやビジネス関連の講演会のスピーカーとして、アメリカでも屈指の高い報酬を受け取っているのである。

無理にモチベーションを高めることの落とし穴

私が育ったオハイオ州のアクロンでは、マーケットストリートという一画に生命保険会社のオフィスが集まっていた。保険の外交員たちは、毎朝ミーティングを開いてポジティブな標語を唱え、社歌を歌って机のまわりを行進したり、やる気を高めるテープを聴いたりビデオを見たりしてテンションを高める。こうして怖いもの知らずになって、目と鼻の先にあるショッピングセンターの中の「エッグキャッスル」というコーヒーショップに意気揚々と乗り込み、出陣前のカフェインを補給する。そして一〇時になると、やる気満々で勢いよく外に飛び出していく。「今日は一〇〇万ドルいくぞ」などと威勢のいい言葉も聞こえてくる。

同じショッピングセンター内に、「ドライドッグ」という居酒屋があった。毎日、夕方の四時からは「ハッピーアワー」になっていて、一杯分の料金で二杯酒が飲めて、つまみはただになる。四時になると、一日の営業を終えた外交員たちがここに集まってくる。みんな朝とはまるで別人だ。午前中のやる気は見るかげもない。足を引きずり、肩を落とし、うなだれて、こんなことを言う。「この町では誰も保険になんて入りやしない。失業者ばっかりなんだから」「おれには、チャンスらしいチャンスなんてなかった」

朝の猛烈なやる気はどこへ消えてしまったのだろう。外交員たちのやる気は、はじめから幻想でしかなかったのだ。根拠のないやる気にすぎなかったのである。根拠のないやる気はフラストレーションを生み、ついにはシニシズムを生み出しかねない。ただひたすらやる気だけを高めることは、根拠もなしにポジティブに考えるのと同じようにまったく無意味なのだ。

常識を破って成功する法 1

無理してポジティブに考えようとしたり、モチベーションを高めたりするのはやめる。しっかりしたセルフイメージの土台をつくり、綿密な目標を立て、現実的なプランとノウハウをもつように心がけよう。そうすれば、おのずと将来を楽観できるようになり、ポジティブに考え、行動できるようになる。

第2章　「生まれつきの素質がないと」のウソ

ねえ、パパ。これって遺伝？　それとも環境のせい？

通知表に「不可」が並んだ子供が父親に向かって

ちょっと考えてみてほしい。「生まれつきの××」などという人は、ほんとうにいるのだろうか。たとえば「生まれながらのセールスマン」はどうだろう。はっきり言えるのは、「赤ちゃんセールスマン」が存在したなどという話は、いまだかつて聞いたことがないということだ。ビジネススピーカーのジグ・ジグラーは、ミシシッピ州ヤズーシティーで生まれたとき、地元の新聞に「セールスマンの誕生」という誕生広告が載ったとうそぶいている。だがほんとうのところは、史上最も優秀なセールスマンと言っても過言ではないジグラーといえども、はじめのうちは失敗ばかりしていたことだろう。

大きな成功を収めるためには天性の素質がなくてはならないと信じ込むことで、自分の可能性を大幅に狭めている人は少なくない。たしかに、世の中には、生まれつき容貌に恵まれてモデルや俳優として成功する人もいる。芸能人になることを生まれながらにして運命づけられていたのではないかと思わせる人たちもいる。マイケル・ジョーダンのように、天賦の運動神経をもつ人たちもいる。しかし、それほどの才能の持ち主にはめったにお目にかかれない。それに、そういう素質に恵まれている人たちも、その才能を花開かせるためにはたゆまぬ努力が必要なのである。

それどころか、成功を収めた人のほとんどは、天性の素質などまったくもっていなかった。ギネスブックで何回も「セールスマン世界一」に認定されたジョー・ジラルドもそうだ。四九歳まで一一年連続で自動車の売り上げナンバーワンの座を維持したジラルドこそ、「生まれながらのセールスマン」に違いないと思う人もいるかもしれない。しかしジラルドは、高校は中退だし、軍隊に入っても一〇〇日ともたなかった。就職しても四〇の会社でクビになり、ついには泥棒になろうと思ったがそれもうまくいかなかった。

「生まれながらのセールスマンと言われるけれど、それは違う。私は一生懸命努力して自分の力でセールスマンになった。ゼロから出発した私にできたのだから、誰だってできるはずだ」と、ジラルドは述べている。

ヴァージングループの総帥リチャード・ブランソンと言えば、世界でも屈指の辣腕実業家だ。航空会社を起こしてブリティッシュ・エアウェイズにひと泡吹かせたかと思えば、音楽業界に進出してセックス・ピストルズと契約し、オリジナルブランドのウオッカやコンドームの販売にも手を広げた。これまで手がけたビジネスは、ほぼ例外なく利益を生んでいる。

しかし、ブランソンほど「非常識」な実業家も珍しい。仕事場は会社ではなく自宅だし、コンピュータは使えないので紙とペンが頼りだ。まったく経験も知識もないビジネスに乗り出すことも珍しくない。学歴も高校中退だ。なによりも驚くべきなのは、一九歳のころから世間の注目を浴び続け、自ら先頭に立った派手な宣伝戦略により成功を収めてきたわりには、ほんとうのところは内気で口下手だということだ。インタビューやテレビ出演、スピーチなどの経験をいくら積んでも、そうした場での居心地の悪さはなくならないという。

ブランソンの成功は、どう見ても生まれつきの才能によるものではない。ブランソンは、自分の弱点を乗り越えて億万長者になったのだ。

やってみないとわからない

私は、高校時代の進路適性テストでピアニストかソーシャルワーカーに向いていると言われたことがある。しかしあいにく、絶対音感もなければクラシック音楽への興味もないし、社会的弱者に支援の手を差し伸べるタイプでもない。進路適性テストなんてあてにならない。実際、いま私が成功を収めている講演や執筆の仕事は、どれも私には素質のないはずのものばかりだ。たとえば、私はかれこれ二〇年近く、プロのスピーカーとして毎年何十万ドルもの金を儲けてきた。しかし子供のころは吃音に悩まされていたし、性格も内向的だった（実はいまでも決して社交的な人間とは言えない）。講演の仕事を始めたときも、おどおどしていたし、話はへたくそだし、演壇では居心地が悪くて仕方なかった。最初のころの講演カセットはいま聞くと顔から火が出るような代物で、本屋で見つけるたびに買い戻しているほどだ。

私は、物書きとしても人並み以上に儲けている。出版社から刊行された本はこれまでに六冊。ほかに自費出版した本や教材などがあり、年間一〇〇万ドル以上の収益を生んでいる。年会費一九九ドルを支払って私のニュースレターを購読している人は、全世界で何千人にものぼる。

だが、学校時代の成績はクリエーティブライティングが「C」、ジャーナリズムは「B」だった。中学・高校時代の国語の教師には、配管工になるといいと勧められたほどだ。いまでも、私の文章にケチをつける批評家はいる。天性の文才がないことだけは認めよう。だがそれでも、私は自分の文章で金を儲けているのだ。

私に言わせれば、素質をうんぬんするのは意味がない。「遺伝か環境か」という議論も同じく無意味だ。間違いとまでは言わないが、本質とはまったく関係ないのだ。たとえ素質がなくても、その気になれば努力で補える。逆に自分のめざす分野の才能に恵まれていれば、感謝してそれを活用すればいい。いずれにしても、やると決めればかなりのことができるのだ。

ただし忘れてならないのは、誰にも得意・不得意はあるということ。だから、それを見きわめることだ。誰にでも起業家が向いているわけではない。他人の下で働きたくないという理由で起業家をめざす人もいるが、それだけで起業家は務まらない。それは単なる就職難民でしかない。起業家として成功を収めるためには、優れたビジョンと野心、面の皮の厚さ、失敗しても落ち込まない精神力、全員を敵に回すことを恐れない気持ちが必要だ。どうだろう？　そんな人間にはなりたくないと思う人もいるのではないか。

驚かされるのは、その職業がほんとうに好きかどうかろくに考えもせずに、そしてその分野で成功するために必要な能力を磨く意欲がもてるかどうかろくに考えずに、見ず知らずの異業種に転身したがる人があまりに多いことだ。そういう人は「いま注目はどのビジネスですか」「始めやすいのはどういう仕事ですか」などと聞いてくる。本来は、「私にとって始めやすいのはどういう仕事ですか」と聞くべきなのだ。

この問いに対する答えは、それぞれがどんな人間か、あるいはどんな人間になりたいかによって違ってくる。ある仕事で成功するにはどういう人間になる必要があるかを基準に仕事を選ぶのもひとつの手だ。かつて、経済的に恵まれていない人たちに、億万長者をめざせとアドバイスした人がいた。金のためではない。経済的に成功するために求められる資質、すなわち強気な性格と行動力を身につけるためだ。その点を誤解して、この人物を「強欲の伝道師」と批判する人も多い。だが、この論者がほんとうに言いたかったことは、「大きな目標を定めて真剣に努力すれば、人間の器が大きくなる」ということなのだ。

知能テストなんて信じるな

その昔、教育関係者や親たちは、知能テストの結果で子供の将来がわかると信じて疑わなかった。今日では、ＩＱ（知能指数）はその人が人生で成功するかどうかを決めるすべての要素の二割程度を占めるにすぎないという点で、専門家の意見が一致している。つまりＩＱは、子供が大人になってから成功するかどうかを判断する材料として信頼できるものではないのだ。ある人が成功するかどうかを左右する要素の八割はＩＱで測れないのである。

ベストセラー『ＥＱ〜こころの知能指数』という本も、こうした前提に立っている。ある人がどういう人生を送るかは、ＩＱテストだけではわからないと、著者のダニエル・ゴールマンは述べている。どうして、クラスでいちばんの優等生がいつもいちばん金持ちになるとは限らないのか。どうして、いちばん幸せになると限らないのか。厳しい状況に置かれたときにぶつぶつ不平をこぼしてばかりの人と意気軒昂な人がいるのはなぜか。ゴールマンはこの本で、ＩＱに代わる新しい指標の「ＥＱ」を提唱した。ある年齢を過ぎるとＩＱを高めるのはきわめて難しいとされるのに対し、ＥＱを意識的に高めることは何歳になってもほぼ可能だという。

「入学試験の成績は一年生のときの成績とは若干の関連が見られるが、卒業後の人生とはまったく関係がない」と、かつてハーバード大学の学長を務めた人物は語ったという。頭が良すぎるのが欠点ということはあるようだ。頭の良い人は、考えすぎて身動きが取れなくなることがある。自分の思っていることを普通の人にもわかる言葉で表現できない人も多い。つまり、頭が良くても実社会では役に立たない人が少なくないのだ。

「ＩＱの高い連中は、七カ国語で〈馬〉という言葉を言えるほど立派な脳ミソをもっているのに、馬を買いに行ったのに間違って牛を買ってきてしまうくらいばかでもある」と言ったのは私の昔の師匠だ。「常識」や「世わたり術」や「実際的なノウハウ」があれば、生まれつき高い知能がある人に勝てる場合も少なくないのかもしれない。

常識を破って成功する法 2

生まれもっての素質やＩＱのことでくよくよするのはやめよう。たとえ素質や才能がなくても、それを越えられない壁と考えるのか、その壁の上を高々と飛び越えていこうと考えるかは自分しだい。どの業種や分野に進むか、そしてその分野でどのくらい成功できるかを決めるのは、ＩＱや運命ではなく、自分自身の決断と意志なのだ。

第3章 「大学くらい出ていないと」のウソ

私は中学時代、先生たちから、いちばん電気椅子送りになりそうな生徒だと言われていた。

シルベスター・スタローン(俳優)

一九八〇年代初頭、アメリカの大卒者の収入は高卒の約一・四倍だった。その格差は、いまでは約一・六倍に広がっている。そう聞くと、やはり大学は出ておいたほうがいいと思うかもしれない。でも、よく考えてほしい。大学に行けば、企業に就職した場合に高卒より給料を六割多くもらえるかもしれないが、起業家の資質が育まれるわけではない。大学は、資産家を養成する場所では決してないのだ。

ある先輩ビジネススピーカーがよく口にするエピソードがある。この人はアラバマ州ボアズの高校時代、フットボールで有名なアラバマ大学に入りたいと思っていた。ところが、大学に問い合わせてみると、億万長者を養成するコースはないと言われた。ほかの大学にも問い合わせてみたが、そんなコースを設けている大学などどこにもないことにびっくりして、大学に行く気など、もうすっかりなくなってしまったそうだ。

高卒や高校中退で成功した人は、大勢いる。スピーチやセミナーでいつも紹介するのが、トム・モナハンの例だ。モナハンがドミノ・ピザの前身となる小さなピザ店を開いたのは、一九六〇年、二五歳のときだった。大学も出ていなかったし、ビジネスの経験もなかった。商売のやり方を教えてくれる人もいなかったし、資金もなかった。はじめは悲惨だった。開店後一週間の売り上げは、わずか九九ドルだったという。しかしそれから二五年後、ドミノ・ピザは全米五〇州と六カ国に二五〇〇を超す店舗をもつまでになった。年商は、一九八六年の時点で、二〇〇億ドルに達していた。

お見事と言うほかない。広告業界に詳しい私の友人アル・ライスはこう言っている。「ある分野でトップに立てなければ、新しい分野を打ち立ててそこでトップになればいい」。モナハンは、それを実践したのだ。モナハンが打ち立てた新しい分野とは、ピザの宅配だった。うたい文句もユニークだった。「できたてあつあつのピザをお届けします。三〇分以上かかった場合、代金は頂きません」。とりたてて学歴のない人間でもこれだけのアイデアを考えつけるのだ。すばらしいアイデアを生み出すのに、ハーバード・ビジネススクールの学位は必要ない。

ファストフードチェーン大手のウェンディーズの創業者デーブ・トーマスは、中学を途中でやめている。社会の現場に出て実務経験を積んでいったのだ。一二歳のときに簡易食堂で働きはじめたのを振り出しに、軍の料理人を一時期経験したのち、いくつかのレストランでコックの仕事をした。転機になったのは、ケンタッキーフライドチキンで店長を務めたことだった。ウェンディーズの一号店を開店したのは、一九六九年。その後、急成長を遂げ、店舗数は五〇〇〇を超すまでになった。

出店場所の選び方や従業員の雇い方に始まり、経営や宣伝や財務にいたるまで、すべて現場での経験を通じて学んだ。「おいしいハンバーガーのつくり方は心得ている」と、トーマスは言う。「経験のたまものだよ」

トーマスに言わせれば、マーケティングの専門家は、考えすぎの場合が多い。「立派なオフィスで小難しい理論を振りかざす連中は多いけれど、消費者の求めているものは昔から変わっていない。それは質の高い商品、払った金額に見合う商品だ。私はビジネスをなるべくややっこしくしないようにしている。おいしいメニューと、清潔な店、清潔で礼儀正しい従業員、これらを手頃な値段で提供する。それがわれわれのマーケティング戦略だ」

もう一人紹介したい人物がいる。メモを取りながら見た映画は、二〇〇〇本以上。小学六年生のときには早くも映画の脚本を書いていた。しかし学校の成績は散々で、授業も退屈で仕方なかった。そこでこの男、クエンティン・タランティーノは高校を中退し、年齢を偽ってポルノ映画館で座席案内係の仕事に就いた。

「こんなに皮肉な話はない。やっと映画の仕事ができるようになったと思ったら、映画を見る側になるなんて、ごめんだった」

後に映画おたくぶりを買われてビデオ店に就職したタランティーノは、すぐに店長に昇進。その間、いくつかの映画に端役で出演したほか、自作の脚本が売れて映画化された。しかし制作に関する発言権は与えられず、その映画は興行的には失敗に終わった。

最初の大きな転機になったのは、俳優のハーヴェイ・カイテルの強力な後押しもあって、ある大物プロデューサーが脚本の映画化資金を拠出してくれたことだった。そうして生まれた作品が『レザボア・ドッグス』だ。一九九四年には『パルプ・フィクション』が大ヒットし、いまではクエンティン・タランティーノの名前を知らない人はいない。

タランティーノは、筋金入りの「常識破り」でもある。ことあるごとに業界の常識を破ってきた。映画における暴力的表現を控えるよう求める政治と世論の圧力が高まっているこの時代に、暴力的な描写で物議を醸すことも恐れない。タランティーノはこれからもずっと、ハリウッドで目が離せない存在であり続けるに違いない。

私もモナハンやタランティーノの同類だ。食事の席などでクライアントと雑談中に、どこの学校を出たのかとよく尋ねられる。「オハイオ州リッチフィールドのリビア高校です」と答えると、とたんに相手の顔に目に見えて失望のいろが広がるときがある。「大学も出ていない人間に、あんな法外の報酬を払うなんて冗談じゃない」と言いたいのだろう。そう思うのも無理はない。年俸一〇万ドルの企業幹部にしてみれば、大学も出ていない人間に一日四六〇〇ドル(年俸に換算すると九二万ドルほどになる)もの報酬を払うなんて、納得できないのだろう。でも、よく考えてみてほしい。現実社会では、学歴の低い起業家の下で、学位を二つも三つももっている人間が大勢働いているではないか。

大学を出てなくたって関係ない

大学に行かないほうがいいなどと言うつもりはない。大学でなにが得られ、なにが得られないかを承知したうえで行くのなら構わない。医師や弁護士や教師になりたければ、どうしても大学を出る必要がある。

しかし一般に、大学教育は、他人の下で働く、つまり他人に依存して生きるための準備にしかならない。いい会社に就職し、そこで出世して、四〇年間一つの会社で勤め上げる。大学に進んだ人は、たいていそんな古くさい人生設計に従ってその後の人生を生きることになる。

大企業で組織の歯車になって働きたい人や脳外科医になりたい人は別にして、大学を出ていなくても、自分がコンプレックスに感じさえしなければいいだけのことだ。

ラジオのトークショーで、起業家志望者の電話相談を受けることがよくある。自分は大学を出ていないしビジネスの経験もないので、せっかくのアイデアをビジネスに変える方法がわからないと嘆く相談者が多い。だが、この本をここまで読んできた人は、学歴がないからと言って、やりたいことを成し遂げられないなどとは思わないはずだ。

大学卒でなくてもビジネスで成功するために必要な知識を身につける方法を三つ紹介しよう。誰でも実践できるものばかりだ。

第一に、近くの大きな図書館に通おう。あらゆるアイデア、製品、サービス、ビジネス、問題について、膨大な量の有益な情報が無料で手に入る。成功した人がその秘訣を書いた本も、ありとあらゆる分野で見つかるはずだ。

第二に、ねらいを定めた分野で最も成功を収めている人物を五〇人選んで直接会いに行って、食事をごちそうさせてほしいと申し出よう。そして話を聞かせてもらうのだ（五〇人に声をかければ一〇人は時間を割いてくれるものだ）。業界団体の会合などで、そういう人たちと会う機会もあるだろう。相手を徹底的に研究して、しっかり質問を準備しておくこと。成功を収めた人に共通する戦略や性格を洗い出すのだ。

第三に、志望の分野で実際に働いてみること。いろいろなことを観察して学べる会社を選んで働く。場合によっては、無給で働く覚悟も必要だ。そして、スポンジのようにあらゆることを吸い込もう。一秒たりとも気を抜かずにいれば、普通の人が一〇年かかって学ぶものを一〇カ月で吸収できる。

武器はアイデアと行動力

最後に、もう一人紹介したい人がいる。ピーター・ロウ・インターナショナルという団体が主催するイベントでスピーチをするときは、どの都市でもリムジンでホテルと会場との送り迎えをしてくれる。カリフォルニア州サンノゼの会場からホテルまで送ってくれたのは、フレーバーと名乗る女性が運転するロールスロイスのクラッシックカーだった。フレーバーは、スピーカーと話すチャンスが欲しくて、無報酬で送迎を買って出ていた。自分のビジネスでもっと成功するためのヒントの一つでも得られればと思ったのだと言う。

そのアイデアとバイタリティーに感心して、フレーバーにいろいろ話を聞いてみた。生まれたのはデトロイトのスラム街。家庭は崩壊状態だった。そのうちに学校に行かなくなり、ヒッチハイクしながらカリフォルニアまでやって来た。アルバイトや雑用仕事をして人脈をつくり、やがてそのうちの一人の後押しで不動産業の資格を取得した。その後、裕福なクライアントの援助を受けてロールスロイスとベントレーを購入。リムジン送迎サービスの仕事を始めたのだという。

「古い車のなかで寝泊まりしていた時期もあったけれど、いまではこんなに立派な車を運転している」と、フレーバーは言う。将来の夢は、スターの運転手になること。ハリウッドの有名人やエンターテインメント業界の大物、作家、スピーカーなどの送り迎えをしたいそうだ。いつの日か、アカデミー賞授賞式の会場でフレーバーの運転するリムジンから大物女優が降りてきたとしても、私は驚かない。そのときには、彼女が大学を出ているかどうかなど、誰も尋ねないはずだ。

常識を破って成功する法 3

学歴があれば、それを最大限利用すればいい。でも、学歴がないことを言い訳にしてはいけない。高学歴の人に対して劣等感をもつ必要もない。大学を出ていなくても、それどころか高校すら出ていなくても、ビジネスで成功した人は大勢いる。自分の目的に直結した知識と技能を身につけるよう努力すれば道は開ける。

第4章 「謙譲は最大の美徳」のウソ

「柔軟な者は国を継ぎ」と聖書にはあるけれど、現世では無理だね。

マイク・トッド（映画プロデューサー）

臆病なセールスマンの子は飢える。

ジグ・ジグラー（ビジネススピーカー）

「出しゃばりはいけません」「自慢をしてはいけません」「自画自賛してはいけません」などと、「謙譲は最大の美徳」と言われて育った人は多いだろう。しかし私に言わせれば、競争の厳しいビジネスの世界では、こうしたお行儀の良さが邪魔になる場合が多い。

人がなにかを成し遂げようとすれば、はじめから強い反感を買うことを覚悟しなくてはならない。家族や職場の同僚、取引先や金融機関が「ノー」を突きつけてくるかもしれないし、ケチばかりつけてくるかもしれない。ことあるごとに抵抗も受けるだろう。そうした障害を乗り越えて晴れて市場にデビューしても、そこには途方もない数の競争相手がいる。

ビジネスの世界で「謙譲の美徳」を実践していては、とうてい顧客や消費者の注意を引くことなどできない。必要なのは、ある程度の傲慢さだ。全世界を敵に回しても、誰も相手にしてくれなくても、自分は正しいと信じなくてはならない。

傲慢さは成功に通じる

ある雑誌に、ソフトボール用の新しい「飛ばせる」バットを開発したレイ・デマリニとマイク・エッジマンという二人の実業家のエピソードが紹介されたことがある。二人の最初の仕事場は家畜小屋の一角だった。土間で暖房もなかった（もっともデマリニの言葉を借りれば、「そこにいる牛がひっきりなしに吐く息で暖かかった」）。資金もないので、機械も自分たちでつくらなければならなかった。

初年度に六万五〇〇〇ドルを売り上げると、二人は中小企業庁に一〇万九〇〇〇ドルの融資を申し込んだ。「年商一億ドルの大企業に太刀打ちできると思っているのかね」と聞かれたデマリニは相手の顔を真顔で見すえて、言ってやった。「連中がどうして私たちに対抗できると思うんです?」結局、融資は下りた。このデマリニの態度こそ、私の言う傲慢さなのだ。

似たような経験は、私にもある。ある経営難の企業の買収交渉をしていたときのことだ。その会社の抱える五〇万ドル近い負債を引き継いでもいいともちかけると、先方は私を見つめて言った。「履歴書を見る限り、あなたにこの会社の舵取りをする能力があるとは思えないのですがね。経営を立て直せるという自信はどこから出てくるのですか」。私は答えた。「私が経営していたら、そもそも五〇万ドルもの負債を抱え込むことなどなかったでしょう」。相手に好意をもってもらうことはできなかっただろうが、交渉は無事まとまった。

相手が誰であろうと臆することなく自分を売り込む勇気がなければ、なめられて追い返されるだけだ。ドアを思いきり強く叩いて、腹の底から大きな声で叫び、弱気の虫を頭から追い払い、話に耳を傾けてもらうためならなんでもやるという覚悟をもたなければ、顧客や消費者は見向きもしてくれない。

私はだんだん、積極的に自分を売り込むことの大切さを学んでいった。これは、私のようなセミナー講師やコンサルタントだけでなく、カイロプラクティック療法士やヘアメイク、大企業の経営者など、どんな職業の人にとっても必要なことだ。誰だって、自信満々の人間とビジネスをしたい。「俺がいちばんだ」と臆面もなく言い切るモハメド・アリのような図々しさがあっていい。一九六四年、まだカシアス・クレイという名前だったアリはこう言い放った。「俺ほどのボクサーはかつていなかった。俺みたいにすごい奴はいなかった」

胸を張って自分をアピールするのは当然のことに思える。しかし、多くの経営者や企業家、セールスマン、コンサルタントがここで大きな問題にぶちあたっている。仕事に費やした時間と自分の専門技能にふさわしい料金に自信がもてず、罪悪感すらいだいている。金を払ってくれと言う勇気がないのだ。

金のことは切り出しにくい？

アーティストやライター、職人、コンサルタントなどの専門家には、自分の提供する商品やサービスに実際の価値より低い値段しかつけなかったり、どうしても必要で当然な金額アップをなかなか言い出せない人はとても多い。自分の仕事には一〇〇%自信をもっているのに、料金の支払いを求める段になると一〇〇%自信を失ってしまう。多くの人にとって、金のことほど切り出しにくい話題はないらしい。

以前、よそにないサービスを提供しているクライアントに、料金を一気に一日五〇〇ドルから二五〇〇ドルに引き上げるようアドバイスしたことがある。このクライアントは、不安を押し殺し、勇気を奮って料金アップを宣言した。しかし、去っていった顧客はごくわずかで、逆にもっといい顧客を新たに獲得できた。不満の声もほとんど聞こえてこなかったし、大半の顧客は文句も言わずに取引を続けてくれた。それどころか、どうしていままで料金を据え置いていたのかと言ってきた取引先さえあった。このクライアントだけではない。「こんなに途方もない金額は請求できない」と思い込んでいる人があまりに多い。

もう一つ問題なのは、「与える」という発想が奨励されすぎていることだ。専門技能や時間やサービスをただで与えれば、いつの日か自分に恩恵が返ってくると思いたがる人は多い。たしかに、有意義な団体や個人に労力や金を提供するのは悪いことではない。それは慈善行為だからだ。慈善行為をおこなえば、精神的に満たされるし、経済的にもメリットがある(見返りを期待しない慈善行為は、結果的にその人に恩恵をもたらす場合がある)。しかし、ビジネスの場では「与える」という態度を取れば、たいていばかをみるだけだ。

ビジネスの世界では、自分のアイデアや情報や利益を守るために、そして自分の知識と専門技能に対して少しでも高い料金を得るために最大限の努力をしなければならない。たしかに、顧客の期待している以上のサービスを提供しようと考えたり、従業員に可能な限り昇進の機会を与えて給料を上げようとするのは自然なことだ。しかしそれはあくまでも賢い投資であって、ただで「与える」こととイコールではない。そこを取り違えてはいけない。自分の知識や専門技能や時間をただでくれてやろうなどと、決して考えてはいけない。

ただ働きはしない

マーク・マコーマックは、世界的な有力エージェント会社インターナショナル・マネジメント・グループ（IMG）の創業者だ。マコーマックがわずか一〇〇〇ドルの資本で立ち上げたこの会社は、多くの有名スポーツ選手や芸能人を抱え、テレビ向けのスポーツイベントも手がけて、年間数百万ドルを売り上げるまでになった。スポーツ・イラストレイテッド誌は、マコーマックを「スポーツ界で最も力のある人物」と呼んでいる。

マコーマックは、著書『マンビジネス』でこう書いている。

《自分たちの専門知識のほんとうの価値にふさわしい料金を請求していない会社は多い。素人が同じ知識を獲得するのにどれだけのコストがかかるかわかっていないのだ。われわれも最初の一〇年間はそうだった。この時期、スポーツイベントで取引した企業は一〇〇を超す。スポーツを通じて企業がマーケティング上の目的を達する方法について、私たちは膨大な知識を蓄積していた。当時は、その知識をたいてい無料でプレゼントしていた。テニスプレーヤーのジョン・ニューカムと契約したのに、どう活用していいかわからない企業があれば、その方法を教えてあげた。

スポーツに参入する意欲はあってもノウハウがない企業が多いことに気づいたのは一九七〇年代はじめのことだった……私たちはようやく、専門知識の提供に対して報酬を請求するようになった。いまやコンサルティング部門は社内の成長株になっている……自分たちの専門知識のほんとうの値打ちに気づけば、企業はそれを活用して成長の機会をつかめる。わが社のコンサルティング部門のように独立した収益部門をつくることもできるし、商品やサービスに付加価値をつけたり、セールスの売り物にしたりもできる。》

しかし、専門知識をただで与えてしまえば売り物にできない。私の好きなスチュワート・ワイルドという著述家は、「他人のために時間を割いてやったら、金を請求しろ」と言っている。私の経験から言っても、アドバイスやアイデア、情報、サービスをただでもらってしまうと、人はそれを十分に生かせない。きちんと金を請求したほうが相手のためでもあるのだ。

私は現在、コンサルタント業の顧客に一日四七〇〇ドル、一時間七〇〇ドルの報酬を請求している。顧客になりそうな人と事前に電話で簡単に話をすることはあるが、それ以上はサービスしない。ただで話を聞こうとする人とはランチにもつきあわない。時間を割いた以上は、金を請求する。この姿勢を貫けば貫くほど、商売は繁盛するようになった。

自分の技能の価値を知る

私たちは、一時間あたりの金額を基準にものを考える習慣がある。アルバイトの給料は時給で支払われるし、サラリーマンでもときどき給料を時給に換算して考えてみることがあるはずだ。独占販売権やフランチャイズの交渉も、一時間あたりの収益を基準におこなわれる場合が多い。こうした時給換算の発想は、私たちの頭にしみついている。だが、この考え方は成功の妨げになる。

私はいままでもことあるごとに、一時間七〇〇ドルの基本料金は高すぎるのではないかという思いに駆られることがある。そのたびに、その考えを頭から振り払うようにしている。なかには、私に一分間七〇〇ドル払っても構わないというクライアントもいるのだ。それに少なくとも私はいつも値段以上の仕事をしてきた。専門技能の価値は、その仕事に費やした時間ではなく、技能を発揮して得られた効果によって判断されるべきだ。

エミット・スミスやマイケル・ジョーダンの報酬は、獲得ランや得点数だけでは決められない。それよりも重要なのは、チームにどれだけ貢献したかだ。入場料収入やテレビ放映権収入、関連グッズの売り上げ、優勝によるチームの価値の上昇など、プロスポーツ選手はチームにさまざまな形で貢献している。そうしたすべての材料に基づいて報酬は決められる。実際その貢献度を考えれば、ジョーダンに年俸一〇〇〇万ドル払ってもただのようなものだ。それに比べると、役に立たないロートル選手に五〇万ドルの年俸を払うほうがよっぽどもったいない。

マーク・マコーマックは、ピカソのエピソードを紹介している。レストランで食事をしていたピカソに、居合わせた女性客がなにか描いてほしいと言って、ナプキンを差し出した。お礼はちゃんとすると言う。そこでピカソはナプキンになにやら走り書きして渡すと、言った。

「一万ドルです」

「だって、ものの三〇秒とかかってないじゃありませんか」

「いや。四〇年と三〇秒だよ」と、ピカソは答えたという。

私にも経験がある。顧客の依頼でダイレクトメールを書き上げるのに、何日もかかる場合もあるけれど、たいていは二、三時間で十分だ。それでも、報酬は最低八四〇〇ドル請求する。手紙を書き上げるのにかかった時間は三時間でも、実際には二〇年と三時間かかっているのだから。

自分には金を取れるような専門技能なんてないと思っている人も多いだろう。でも、たぶんそんなことはない。コンサルタント業には、二〇〇〇以上の専門分野がある。ほとんどの人は、そのどれかの教育や経験や知識をもっているはずだ。

双子を含む四人の子供を育て上げた専業主婦の例を紹介しよう。この女性は、子育てを終えて仕事に復帰したいと考えた。そのとき幸いしたのが、家事と育児に追われる生活のなかで必要に迫られて、能率的に仕事をこなす習慣を身につけていたことだった。そこでその特技を生かして、一般家庭やオフィスに出向いて能率的に仕事を処理する方法をアドバイスするコンサルタント業を始めた。報酬は、一時間あたり一五〇ドル。際立った職歴や資格もなく、学歴も高卒では、普通なら手取りで週一五〇ドルもらえればいい方だろう。自分の専門技能のほんとうの価値を知っていたからこそ、一時間に一五〇ドルもの報酬を得られたのである。

　これは、コンサルタント志望の人だけに言えることではない。たとえば、あなたが紳士服店の販売員だとしよう。それなら、客の服選びを手伝う真のエキスパートになることにより、自分の値打ちを高めればいい。ひとりひとりの客に似合う色やデザインや素材を選び、スーツとシャツとネクタイと靴を完璧にコーディネートし、誰よりも最新のトレンドに通じているようにする。それは、時給に換算すれば一〇〇ドルから二〇〇ドルの価値のある仕事だ。

　もちろん、その料金を客に請求できるわけではない。だが、マコーマックの言うように、それを付加価値にして、客が服を買うときにはいつもあなたを訪ねるようにさせればいい。そのうちに、『自分を最高にかっこよく見せるための一〇の方法』という本を書けるかもしれない。テレビ局から声がかかるかもしれない。「プロフェッショナル・イメージコンサルタント」という肩書きで講演をしたり、トークショーに出演したりできるかもしれない。

　そうなればこっちのものだ。顧客のあなたを見る目が変わるだろう。まず、かならず自分を指名して日時を約束してから来店するように、客を「教育」する。そうやって常連客をがっちりおさえれば、雇用主に対して強い立場に出られるようになる。同じ給料で週休三日を認めてもらえるかもしれない。そうして、あなたの人生は変わるのだ。

常識を破って成功する法 4

慈善事業に寄付をするのはけっこうだが、ビジネスの世界でただで「与える」のは禁物だ。自分の技能に少しでも高い値段をつけ、それを堂々と主張したほうがいい。他人のために時間を割いてやったら、かならず金を請求する。謙虚にしていては、いくら才能があっても気づいてもらえないし、正当に評価してもらえない。ビジネスの世界で成功するには、傲慢さや強引な売り込みも必要なのだ。

第5章「礼儀正しくあれ」のウソ

レオナ・ヘルムズリーはまったくよこしまな人間だ。

ドナルド・トランプ

（プレイボーイ誌一九九〇年三月号）

ドナルド・トランプはヘビみたいな人間なの。

レオナ・ヘルムズリー

（プレイボーイ誌一九九〇年一一月号）

私はいつも、ロバート・リンガーの『脅して勝つ』という本を必読書として薦めているが、この本を読んだことがあるという人には、ほとんどお目にかかったことがない。題名にある脅すという言葉に気分を害したり、うんざりしたりしてこの本を敬遠してしまうのだ。

私たちはみな「礼儀正しくあれ」と言われて育ったはずだ。私自身もそうだった。なんて不作法な、ひとりよがりな、傲慢なとよく叱られたものだ。癇癪《かんしゃく》を起こしてはいけないと教えられ、どんなときでも他人の気分を害してはいけないとしつけられた。しかしいま考えると、これはとんでもなくひどいアドバイスだったのかもしれない。

全米ナンバーワン弁護士のやり口

セミナーなどのおりに、辣腕弁護士の名を欲しいままにしているゲーリー・スペンスと言葉を交わしたことが何度もある。バックスキンのジャケットがトレードマークのスペンスは、O・J・シンプソン事件のときにテレビの人気トークショーに連日出演して全米に名前を売りまくった。最近はケーブルテレビで自分のトークショーももっている。

一九九四年四月一三日、アイダホ州ボイジーの裁判所に、被告人ランディ・ウィーバーが姿をあらわした。極右民兵組織のヒーローであるウィーバーは、自宅に武装籠城してＦＢＩと激しい銃撃戦を繰り広げ、警察官の殺害や武器の不法所持などの容疑で裁判にかけられていた。マスコミや世論は、ウィーバーをすでに犯人と決めつけており、有罪は確実という空気が漂っていた。しかし、弁護を担当したスペンスは、四二日間にわたって熱心な弁護活動を展開。ＦＢＩや連邦政府を非難する一方、昔のテレビの法廷ドラマを思い出させる巧みな弁舌で陪審員を魅了した。

そして、評決のときが来た。陪審員は、すべての容疑についてウィーバーを無罪とした。スペンスは三一〇万ドルの賠償金も勝ち取った。いかにもスペンスらしい裁判だった。濡れ衣を着せられ虐げられている弱者のために政府や大企業を相手に闘うのはお手のものだ。スペンスはそうした仕事に喜びを感じ、情熱を燃やしている。この種の大きな事件では、まだ負け知らずだ。

セミナーなどでスペンスと一緒になったときの経験は、実に魅力的なものだった。スペンスは控室に入ってくると、その場の空気を圧倒してしまう。実際よりも大きく見える。いろいろ批判されているように、強烈な自我の持ち主でもあるらしい。控室では、いつも注目を集めていないと気がすまない。舞台に上がれば一万五〇〇〇人の聴衆をとりこにし、実に謙虚な態度で通しているが、傲慢さは隠せない。

私がはじめてセミナーで同席したとき、スペンスは主催者側の指示をわざと無視し、大きなデジタル時計を見て見ぬふりをして、割り当て時間をなんと二〇分もオーバーして話し続けた。その次のセミナーで、主催者側は事前に厳重注意したうえで、終了予定時間になるとタイマーを点滅させ、係員に演壇の前を行ったり来たりさせて合図した。今度はスペンスも時間どおりに切り上げたが、不本意ながらも強引に話をストップさせられるのだと聴衆にアピールすることは忘れなかった。それでもスペンスは、私に対しては実に礼儀正しかった。それに、やることはしっかりやっている。講演はとても上手で、しかも役に立つ内容だった。もし大きな法的トラブルに巻き込まれるはめになったら、私はスペンスに弁護を依頼したいと思う。

スペンスの不遜ぶりを物語るエピソードには事欠かない。たとえばあるとき、建築雑誌で紹介されたこともある大邸宅を案内しながら、プレイボーイ誌にこう述べている。「この家にしろ、ほかの財産にしろ、みんな裁判で勝ち取ったものだ。先住民が獲物の頭蓋骨を飾るみたいなものだよ。俺の獲物の頭蓋骨ってわけだ」

テレビや講演で話すとき、スペンスはいつも穏やかだ。しかし、舞台裏での交渉になると、穏やかな物腰は影を潜める。誰かがスペンスを脅しているところなんて想像がつかない。思い浮かぶのは、スペンスが誰かを脅かしている場面ばかりだ。

謙虚を嫌悪する傲慢なヤツが勝つ

一九九六年、NBAのスーパースター、デニス・ロッドマンは、所属チームが決まらないでいた。最終的にロッドマン獲得という賭に出たシカゴ・ブルズのヘッドコーチ、フィル・ジャクソンも、不安はあったと認めている。それも無理はない。体中にタトゥーを入れて、髪の毛を奇抜な色に染めたロッドマンは、周囲のあらゆる人を怖がらせるか、さもなくば怒らせる。自分は皮肉屋で、わがままで、反骨精神が強いと、本人も認めている。それでもロッドマンがピザハットのテレビCMに登場すると、その商品の売り上げは一五%も伸びた。

押しの強い人間が成功するのは、スポーツの世界だけではない。「誰にでも愛される人間であれ」といった定石を無視して成功した人は、ビジネスの世界にも数え切れないほどいる。

たとえば、ニューヨークの不動産王として名を馳せたドナルド・トランプ。

ある日、トランプはフロリダの高級リゾート地の別荘で、二つのインタビューを同時にこなしていた。「自分の嫌なところは?」と質問されると、トランプはマーラ夫人に向かって怒鳴った。「なあ、俺が自分のどこが好きじゃないと思う?」。みんな黙ってしまった。ニューヨークの不動産を買い漁った理由を尋ねられると、トランプはこう答えた。「いい暮らしをするだけじゃ満足できないんだ。自己主張をしたんだ」。トランプいわく、ニューヨークの五番街にそびえ立つトランプタワーは「アメリカでイチバン成功している賃貸マンション」だそうだ。

辞めていった部下の間では、トランプは妥協を知らない自己中心主義者で、ことあるごとに富と権力を誇示しようとするというのが定評になっている。取引相手の間では、公的な場での礼儀正しい態度とは裏腹に、他人を蹴落としても自分だけは成功したいという自己中心的な考えの持ち主として知られている。

トランプの言動はいつも物議を醸してきた。リゾート会社の買収合戦に敗れてマスコミに叩かれ、最初の妻イバナとの泥沼の離婚劇ではもっと叩かれた。九〇年代はじめに不動産価格が落ち込んだときは、破産の一歩手前までいった。九五年の時点で個人保証していた債務は一億ドルにのぼった。しかし九六年四月、傘下の二つのカジノの合併が承認されて、負債を一気に六五〇〇万ドル減らすことに成功した。トランプはまたしてもピンチを切り抜けたようだ。相変わらずの「バブリー」な生き方は大勢の人に不快感を与え、傲慢な言動はあらゆる人の反感を買い続けている。

たしかにトランプは、デール・カーネギーが勧めるような生き方のお手本とはとうてい言えない。しかし、逆境をはねのけ、目を見張るような取引をまとめ、成功を収め続ける能力があることは、誰も否定できない。この男はいつも、前進に前進を続けているのだ。

私がとくに興味深く感じるのは、トランプの首尾一貫した態度だ。順調なときも苦しいときも、決して困った様子を見せたり、おどおどしたりしない。いつもとびきり自信満々で、自分をアピールすることを忘れない。彼は自伝でこう述べている。

《私はタフな男だということになっている。それも当然だと思うようにしている。実力者たちにお前の時代はもう終わりだと言われ、結婚生活は破綻寸前、おまけにビジネスでのプレッシャーも増してくれば、タフでなければやっていけない……私に言わせれば、タフであるためには、たくましさと頭の良さと自信を兼ね備えている必要がある……タフであることは、ときには古くさいお小言を言うことを意味する。ときどきふと思い立って、傘下のホテルのフロントに電話してみる。フロント係が電話に出るまでにどれだけ時間がかかるか調べるためだ。呼び出し音が五、六回鳴っても出ないようだと、受話器を取った従業員に身分を明かして、不快感を隠さずに、いったいどうしたのかと問いただす……ルパート・マードックやスティーブ・ロス、ロン・ペレルマン、マーティ・デービスといった連中のタフさには敬服している。この人たちは当然成功するつもりでいるし、成功を収め続けるための方法を知りつくしている。ビジネスが思うようにいかなくても、落ち込んだりしない。苦しい状況を好転させる力をもっている……タフさの正反対、つまり弱さを見せるなど、考えただけで腹が立つし、へどが出る。》

このくだりを読めば、誰でもトランプを敵に回したくないと思うだろう。だが、そのトランプも顔負けの兵《つわもの》がジュリー・ジョーンズだ。オクラホマ州出身のジョーンズは、同州とライバル関係にあるテキサス州のNFLチーム、ダラス・カウボーイズを買収。そして真っ先におこなったのが、カウボーイズの伝説的なヘッドコーチ、トム・ランドリーの解任だった。ランドリーのプライドもなにもあったものではない。ジョーンズは、ファンや選手、マスコミ、そしてテキサスの住民の怒りを買った。

ジョーンズはこう語っている。「うちは法律事務所でもなければ病院でもない。フットボールチームだ。成績の凋落に歯止めをかけてチームを立て直すためには、可能な限り優秀な経営者を招く必要があった。それが私だったんだ」

ジョーンズ／ジョンソン体制のもと、カウボーイズがスーパーボウルで二度優勝を果たして往年の栄光を取り戻すと、ファンはジョーンズを許す気になりはじめていた。ところがジョーンズは突然、ジョンソンを解任してしまう。後任は、またしても大学チームのコーチだった。この新ヘッドコーチもまた我の強い自信家で、しかもよりによってオクラホマ州出身だという。ファンは怒り狂い、マスコミは唖然とするばかりだった。

ジョーンズは、NFLのほかのオーナー連中も敵に回した。NFLの根幹をなす収益分配制度に公然と異議を唱え、機構を通さずに大企業とうまみのあるスポンサー契約を結んだのだ。ジョーンズは、マーケティングに関してほかのオーナーは怠慢で無能だと言ってはばからない。わずか数年のうちに、ジョーンズはNFLの「鼻つまみ者」として名を馳せるようになった。しかし、そのことを気にする風もない。

ビジネスの世界でも、感じのいい人物とは言えないのに成功している経営者は珍しくない。フォーチュン誌はかつて、ヘンリー・フォード二世を「尊敬と畏怖、そしてときにはまぎれもない恐怖心そのもの」を呼び起こす人物と評した。私は以前、リー・アイアコッカに会った際、感じが良く思慮深い半面、激しいいらだちを内面に封じ込めているという印象を受けた。そして、この人を敵に回したくないと思ったものだ。その場に居合わせたほかの人たちは、明らかにおびえていた。アイアコッカは、あからさまに威嚇しようとはしていないのに、である。

成功を収めた人物のなかには、露骨に他人を威嚇しようとする人もいる。広告代理店にいたころ、オハイオ州北東部でトップクラスの売り上げを誇る自動車ディーラーのオーナーと仕事をしたことがある。この人物はいつも威張り散らしているというもっぱらの噂だった。噂に嘘はなかった。オフィスを訪ねると、あからさまな威嚇とはどういうものかがよくわかる。専用のエレベーターに乗って、ショールームの上の二階へ行く。エレベーターを下りると、はるか先に相手の姿がかろうじて見える。一段高い壇の上に置かれたデスクに陣取っている。どうやら旅行とハンティングが趣味らしく、デスクにたどり着くまでの通り道に、珍しい工芸品やどう猛そうな動物の剥製がいろいろ飾ってある。魚がいっぱい泳いでいる池や噴水まである。

ようやく壇に上がると、デスクの前に椅子が二脚置いてある。両方とも極端に小さくて、脚が短い。しかも、前のほうの脚が後ろより少し短くなっている。サイドテーブルはないので、セールスマンは膝の上に載せたアタッシェケースが滑り落ちないよう、バランスを取りながら開けなくてはならない。それにひきかえ、オーナーの机は巨木から切り出した堂々たるもので、椅子はさらに一段高いところに置いてある。おまけに、こっちが話している間も、電話に出たり、書類にサインしたり、内線で部下に指示をとばしたりと忙しくて、なかなか注意を向けてくれない。しまいには泣き出してしまう来訪者も珍しくないという。

この人物をよく知るにつれて、一連の行動の背後にある思考様式がわかってきた。第一に、この仕事を始めた当時はその自動車メーカーの北米地区最年少のディーラーで、資本もスズメの涙ほどしかなく、業界での経験もなかった。だから、第一印象で相手を威圧しないとなめられると思った。第二に、常にタフであり続けることにより現在の成功を築いたこの人物は、自分と同じようにタフな人間としかビジネスをしたくなかった。自分の「ショー」に気圧《けお》されずに堂々と立ち向かってきた数少ない人は、すぐに尊敬し信用した。しかし尻尾をまいて逃げ出したその他大勢のことは、あっさり忘れてしまった。

妥協すれば仕事を失う

スポーツ・イラストレイテッド誌に、「彼女はビッグでワルで、人の神経を逆なでし、口が悪い」と書かれた女性がいる。ナンシー・ドネラン、女性ではじめて全米で毎日放送されるラジオのスポーツ・トークショーの司会者を務めた人物だ。

毎日四時間週五日の番組中、電話をかけてきたスポーツファンは、たいていひどい扱いを受ける。「で、あんた、なにが言いたいわけ?」などと言われるのが関の山だ。ドネランは、リスナーからの電話をろくな理由もなしに切ってしまう。全米ラジオ史上に残るお騒がせスポーツコメンテーターと言っても過言でない。上司やラジオ局のオーナーとも衝突を繰り返してきた。

ドネランだけではない。大きな成功を収めた女性のなかには、癪にさわるだの気難しいだのと言われている人が少なくない。女優のバーブラ・ストライサンドの名前がすぐに思い浮かぶ。コメディエンヌのブレット・バトラーは、夫の暴力に苦しみ、全米の酒場を回るつらい日々を送った苦労人。その発言は、大勢の人を魅了する半面、同じくらい大勢の人の怒りを買ってきた。「あまりに陰気臭くて、政治的偏向が著しく、下品」という理由で、テレビのお笑い特番への出演を拒まれたこともある。

バトラーのコメディードラマ「グレース・アンダー・ファイア」はまたたく間に人気番組になったが、構成作家やプロデューサーと衝突を繰り返して、業界内で「気難しい女」という評判が立ってしまった。初代プロデューサーのチャック・ローアは、わずか一クールで降りてしまった。バトラーのせいで「楽しいはずのものが生き地獄になってしまった」と、ローアは言った。次々と辞めていった構成作家やスタッフたちも口々に彼女のお天気屋ぶりとヒステリーに文句を言っている。

それでも、バトラーはテレビガイド誌にこう述べている。「どんなに気難し屋だと言われても気にならない。質の良い番組づくりを追求すれば反発も買う。でも、妥協すれば仕事を失う」。誰も彼女から仕事を奪えはしないだろう。

「こわもてレオナ」のホテルは超一流

レオナ・ヘルムズリーは、当代きってのこわもて経営者として知られている。ヘルムズリーの恐ろしさを伝えるエピソードには事欠かない。そのこわもてぶりは、テレビのトークショーでジョークのネタにもされている。それでも、ヘルムズリーの経営するホテルが超一流であることは間違いない。実は、私はこの女性と電話で話したことがある。そのときのエピソードを紹介しよう。

私はその日、ヘルムズリーのホテルでセミナーを企画していた。私がホテルに入ったのは、時間ぎりぎり。ビデオのモニターをセットし、シャワーを浴びて身だしなみを整える時間も必要だ。一分たりとも無駄にできない。

ところが、とんでもないことが起きていた。ホテル側が勝手にセミナー会場を会議室から地下室に変更していたのだ。会場の準備もまったくできていない。おまけに、責任者はまったく協力する気がなかった。さっぱり聞く耳をもたないのだ。私たちは、たちまち不倶戴天の敵になった。血圧が天井を突き破って跳ね上がった。私は会議室の壁の電話をひきちぎり、椅子を投げつけた。責任者は、ホテルの従業員が私の要望に応えるために指一本貸すことはないと言い捨てると、オフィスに引きこもってしまった。

そこで私はフロントの電話を取ると、ニューヨークのヘルムズリーにつないでもらった。事情を話すと、「了解しました。フロント責任者に代わっていただけますか」と言われた。電話に出たフロント責任者の顔がみるみる真っ青になるのがわかった。一〇分後には従業員がぞろぞろ出てきて、私の要望に応えるべく作業しはじめた。会議室の準備は、あっと言う間に終わった。

次の朝、新しいフロント責任者に、いったいなにがあったのかと尋ねられた。どう聞かされているのかと逆に尋ねてみた。「よく存じません」と、この新しい責任者は答えた。「いままでのスタッフが全員クビになったということ以外は。今日ここにいるスタッフはすべて、その後任として昨晩ニューヨークから急遽送り込まれたのです」

ヘルムズリーのホテルは、私の知っているなかでいちばんすばらしいホテルだ。フォーシーズンズホテルともいい勝負だと思う。誰がなんと言おうと、レオナのホテルは超一流だ。

良い子はばかを見る

マッコール誌やレッドブック誌など有力女性誌の編集長を歴任したケイト・ホワイトは、著書『ビジネス社会で成功する女性　九つの条件』のなかで、良い子が出世できず、ガッツのある女性が出世する理由を説明している。この本に、ホワイトが大学時代にほかの九人の女子学生とグラマー誌の表紙モデルの座を争ったときのエピソードが紹介されている。

一〇人のモデル候補の女子学生は洋服のたくさん置いてある場所に連れていかれて、撮影用の服を選ぶように言われた。ほかの九人はその年の流行だったアースカラーの服を選んだ。しかし、ホワイトは迷うことなく、明るい黄色のタートルネックのセーターを手に取った。「雑誌の表紙は派手でカラフルなのが普通。それをみんなに教えないのはフェアじゃないのではないかと後ろめたくも思った。でも結局、なにも言わなかった」。選ばれたのは、ホワイトだった。大学卒業後にグラマー誌で働くことになったのは、この表紙が注目されたことがきっかけだった。

ホワイトはこう書いている。「良い子にとって、こういうやり方で成功するのは仕事上の倫理にも価値観にも反する。優れた仕事をした人が成功を手にするべきだと、良い子は考える。ルックスや口のうまさで成功するなんて、考えてもみない。だから、口がうまいだけの人、ましてやルックスだけの人がいい思いをすると、愕然とする……でも現実には、きちんと基準をクリアしてもお望みのクラブに入れるとは限らない。メンバーにふさわしい外見と言葉をもっていないと、仲間にしてもらえない」

才能も努力も不要、ただイメージだけを武器に自分を売り込めとけしかけているわけではない。ホワイトが言いたいのは、理想論を前提に行動していては成功できないということだ。成功したければ、現実を直視しなくてはならない。眉をひそめる人も多いだろうが、このアドバイスは真理を突いている。

ホワイトはこの本の中で、仕事をもつ女性に数々の実用的なアドバイスを贈っている。しかしその多くは、母親や同僚が贈るアドバイスとは真っ向からぶつかる。

私のクライアントに、ある企業の副社長をしている女性がいる。彼女が勤めているのは、典型的な男社会の業界の、これまた典型的な男社会の企業。女性の経営幹部は、天然記念物的な存在だ。この会社のほかの幹部や部下（一人残らず男性だ）に彼女の印象を尋ねると、ほぼ例外なくこんな調子で話しはじめる。「押しが強い女性だけれど……」。そしてこのあとに、気の進まなそうな誉め言葉が続く。押しが強いけれど、仕事はできる。押しが強いけれど、抜かりはない。押しが強いけれど……。万事がこの調子だ。だが、はっきり言えるのは、「押しが強く」なければ副社長の地位にまで上りつめられなかっただろうということだ。

ケイト・ホワイトは、やりたい仕事があるなら、実際にその仕事に就いている人みたいな服装をするようにとアドバイスしている。「有り金はたいて買った高価なスーツを着て出勤すれば、同僚のなかには『あの娘ったら、いったい何様のつもり?』と言う人もいるだろう。でも、決定を下す上役たちの目にはとまる」

ホワイトはこうも書いている。自信たっぷりにボディーランゲージを使うこと。自分の望みははっきり伝えること。遠慮は無用。自分のPRマンになりきること。「間違っても、運がよかっただけですなんて言ってはだめ。自分をいわば伝説上の人物にしてしまうこと。あなたの人間像やキャリアにまつわる神話をつくり上げる。噂がひとり歩きしはじめて、あなたの名前があがるたびにそれが話題にのぼるようになればしめたもの」

すばらしいアドバイスだ。私の知る限り、大きな成功を収めている女性はみんなこういう生き方を実践している。

毒舌でけっこう

人前でしゃべる仕事を始めたとき、「誰かを怒らせる恐れのあるジョークはぜったいに言わないこと」「政治と宗教とセックスの話題は避けること」と、いろいろな人から忠告された。しかしすぐに、それではなにも話すことがなくなってしまうことに気づいた。他人を怒らせても構わないという覚悟がなければ、ジョークなんて言えない。友人たちのアドバイスに従っていたら、スピーチが退屈な代物になってしまい、聴衆に強い印象を与えられなくなってしまう。

経験を積むにつれて、私はますます毒舌になっていった。スピーチの中に、いろいろな人に対する辛辣なコメントをちりばめる。リベラル派、保険外交員、化粧品販売員、「エホバの証人」の信者、学者……。聴衆のなかに、それにあてはまる人がいても構わない。すると、セミナーのあとに決まって、不愉快だと文句を言いにくる人がいる。そのとき、私は思うのだ。今日のスピーチはうまくいったぞ、と。

どの分野でも、スターや目立つ存在には批判や反発がつきものだ。私もさんざん叩かれた。スピーチや著書の題名も批判の的になってきた。とりわけ反発を買ったのは『ご聖体なんていらない、禁じ手なし、容赦なし、他人の尻を蹴飛ばしてどっさり金を儲ける方法』という本だ。中身も読まずに「ご聖体なんていらない」という言葉尻だけ取り上げて、キリスト教に対する冒瀆だと非難した人たちもいた（私はそんなつもりなどなかった）。この本も、古い教訓をただひたすらオウムのように繰り返して金を儲けているほかのビジネススピーカーの反発を買うことは間違いないだろう。

あなたはカメレオン人間になっていないか

最近、セールスマン向けのハウツー本やセミナーで、「カメレオン人間の勧め」とでも呼ぶべきアドバイスをよく見かける。その時々の交渉相手に合わせて、自分の人格をそっくり変えろというのだ。相手に少しでも気に入られるように、セールスやコミュニケーションのスタイルを工夫するのである。

この方法もある程度は有効だろう。しかし、やりすぎは間違いなく危険だ。政治家が国民の信頼を得られないのは、「カメレオン戦術」のやりすぎが原因だ。一時的にはうまくいっても、そうたびたび色を変えていてはほんとうの色がわからなくなってしまう。

その逆のアプローチは、いつも変わらない人格で通すことだ。いつもほんとうの自分を貫く。常に本音で勝負する。そしてまわりの人たちに、長い目で見ればあなたの主張が好結果を生む可能性が高いとわからせることだ。

実際、型破りの一匹狼が成功した例は枚挙にいとまがない。ビジネススピーカーのビル・ゴーブは、3Mのセールスマンをしていたころのこんなエピソードを紹介している。

ゴーブは入社して間もないころ、上司に呼ばれてこう言われた。「ニューオーリンズに行って、現地の責任者に会ってこい。ハリーという男だ。あんな男にはめったにお目にかかれない。ぶくぶく太っているし、服には昼に食べたもののしみやかすがこびりついている。言葉はぞんざいだし、部下への指示は紙ナプキンの裏に書き殴る」

ゴーブはたずねた。「それで、私はどうすればいいのですか？　『成功するための服装』の本でも一冊買っていってやりますか。それともクビを言いわたしますか」

上司はこう答えた。「アイツがなにを食べているかを調べて、欲しいものを食べさせてやること。君も同じものを食べるといい。あの男はうちのナンバーワンなんだ」

最近の大企業では、ハリーのようなタイプの社員の存在はどんどん許されなくなってきている。無理もない。なにしろ、みっともない。しかしビジネスを起こす人は、自分のなかの一匹狼的要素を大切にしたほうがいい。

現在にいたるまで、私はありとあらゆるビジネスの定石を破ってきた。たとえば、確信犯的に連絡を取りにくくしている。オフィスでは、毎週火曜と木曜の決まった時間にしか電話に出ない。それ以外は、留守番電話をセットしてある。名刺をばらまくこともしない。スピーチのあとなどに聴衆から名刺をくれと言われても、もっていないと答えている。「この会場で売っている本やカセットに、私の連絡先は書いてあります。スピーチを聞いても本やカセットを買う気にならなかった人に連絡先を教えて、あとで電話やファクスの対応に追われるのはごめんですからね」

感じが悪いと言われれば、たしかにそのとおりかもしれない。だが、私はそれでうまくいっているのだ。他人に雇われる身でない以上、誰にも文句は言わせない。

ある日、私のスピーチが終わったあとで、「ずいぶんと失礼な人だ。どうしてあなたのような人が成功するのか理解できない」と捨てぜりふを言って立ち去った若い男性がいた。だが、そこにこそ、成功の秘訣があるのだ。

他人を怒らせる覚悟がないと（そして実際に反発を買わないと）人を動かすことはできない。私は演壇で一部の人の怒りを買うことを言う。面と向かって相手の気分を害するようなことも言う。しかしそうした発言こそが、一部の人には強烈なインパクトを与えるのだ。

常識を破って成功する法 5

反感を買うことを恐れてはいけない。胸にいだく野望が大きければ、それだけ反感を買う可能性も大きくなる。どの程度有意義なことを成し遂げられるかは、どの程度他人を怒らせる勇気があるかに比例する。はた目には傲慢な態度に見えても、それは成功を収めるために不可欠な自信や自己アピールや押し出しの強さのあらわれなのかもしれない。それに、傲慢な態度は人を遠ざけるどころかむしろ人をひきつける。誰だって、自信にあふれた人とビジネスをしたい。

第6章 「クリエーティブであるべし」のウソ

オリジナルな曲を書こうなんて、これっぽっちも考えたことはない。
ウォルフガング・アマデウス・モーツァルト（作曲家）

私は広告の世界に入ろうと決めたとき、この業界にある種の先入観をもっていた。煙のもうもうと立ちこめる会議室に、鋭い目をしたクリエーティブな人たちが集まって、大いにクリエーティビティを発揮して、アイデアをがなり立てる――そんなイメージだ。

だから、最も成果をあげている広告はこういうやり方でつくられていないと知って、ちょっとしたショックだった。最も有能で高給取りの広告マンは、実にきちんとした人たちで、膨大なデータを集めて検討し、じっくり考えて結論を導き出していたのだ。

いまでは、私もこのやり方の良さがよくわかっている。「新しい」「オリジナル」なアイデアは敬遠する。どうせ魚を釣るなら、生け簀《す》の中にいる魚を釣りたい。それも小さな生け簀で、水を張ってないほうがいい。大きい魚にこしたことはないし、できれば機関銃を使って仕留めたい。

スポーツマン精神に欠けると言われるかもしれない。おっしゃるとおりだ。しかし確実ではある。私たちは銀行に預金するとき、クリエーティブでオリジナルな方法で儲けた金かどうか聞かれることはない。独創的なやり方で儲けた金でも、ご褒美に利息を一〇％上乗せしてもらえるわけではない。逆に、人のまねをして儲けた金だからと言って、罰として利息を減らされることもないのだ。

当たり前のことをあなどるなかれ

オハイオ州デートンに住むマーティ・グランダーは、大学時代に小さなビジネスを始めた。庭の芝刈りの請負である。当初の態勢は、道具一つ（芝刈り機一台）とスタッフ一名（彼自身）

だけ。マーケティングプランもいたって単純だった。庭の芝刈りを任せてもらえないかと御用聞きをして回り、依頼をとりつけたら文句のつけようのない仕事をする。そして、定期契約にしませんかともちかけるのだ。

いまやグランダーのビジネスは、年商一〇〇万ドルを超すまでに成長した。業務内容も、庭の芝刈りだけでなく、企業や個人向けの造園設計にまで広がっている。冬には、駐車場の雪かきも請負っている。こうして、グランダーの会社はごく短期間のうちにオハイオ州南部で随一の造園設計会社になった。

しかし、グランダーは新しいことはなに一つしていない。顧客サービスについて勉強し、忠実な顧客を確保している他業種の会社の戦略をまねただけだ。スタッフには、制服をきちんと着て、トラックや道具はいつも清潔にし、約束の時間は厳守するよう徹底させた。よその会社が顧客に配っているちらしを集めて研究し、同じようなちらしをつくった。このように、グランダーはごく普通のビジネスを行っているにすぎない。特別な技術があるわけでもないし、新しい発明をしたわけでもない。当たり前のことをきちんとやって、財産を築いたのだ。

私がいつも紹介するのは、サンドイッチチェーンのサブウェイを創業したフレッド・デルーカの例だ。サブウェイのサンドイッチほど基本に忠実なものはない。デルーカは、シンプルであることの力を十分心得ているのだ。健康への悪影響を取りざたされてファストフードチェーンが軒なみ苦戦するなかで、サブウェイは一九五〇年代のハンバーガーチェーンを思い出させる勢いで店舗を拡大している。一九六五年に当時一七歳のデルーカが一〇〇〇ドルの借金をして始めたサブウェイは、いまや店舗数で世界第二位のファストフードチェーンに成長。業界の大先輩のマクドナルドを追い上げている。

サブウェイには、オリジナルの「スペシャルソース」などない。サンドイッチも、シンプルでなんの変哲もない。サブウェイにあるのは、新鮮な野菜とトッピング、焼きたてのパン。便利な場所にある店に、商品を前面に押し出したストレートな広告。家族経営の加盟店にできないことはなに一つない。独創性などまったく要求されていない。ちなみに、ここ数年のデルーカの報酬はおよそ二〇〇〇万〜五〇〇〇万ドル。創造性がなくても、これだけの収入を得られるのだ。

クリエーティビティの落とし穴

私は発明家の集まりで講演をしたり、発明家の相談に乗る機会が多い。お察しのように、発明家というのは自分のアイデアにのめり込んでいる。自分のアイデアに酔っている。だから、アイデアを盗まれないようにと異常なまでの執念を燃やし、莫大な金をつぎ込んで特許や商標権を取得する。

そして、あとは放っておいても奇跡が起こると思い込んでいるらしい。田舎のファストフード店でアルバイトをしている未来のスターを映画プロデューサーが発掘するみたいに、どこかの大企業が自分の発明に目をつけてくれると思っている。誰かがリスクを引き受けて、自分の発明に莫大なライセンス料を支払ってくれると信じているのだ。そういうケースもあるかもしれない。だが、めったにあることではない。こうした発明家のほとんどは、破産したり、失望したり、いら立ったり、サギ師に食いものにされたりするはめになる。

私は毎年、何千人もの発明家や作家、メーカー、起業家から膨大な数の「新しいアイデア」や「新製品」を見せられている。その経験から言わせてもらうと、新しいアイデアと言っても、現実にはどこにでも転がっているものばかりだ。クリエーティブな人間だという自負のある人にとっては不本意かもしれない。だが、それが真実なのだ。

アイデアは、それを実用化し、市場に投入し、セールスとマーケティングを行うなど、骨の折れる努力をたくさんやってはじめて価値が出る。発明によって財を成した人の大半は、そうした作業を自分でやり遂げ、そのアイデアを核にビジネスを築いている。

どんなに画期的なアイデアでも、同じアイデアをもっている人が一〇〇人いても不思議ではない。こんなことを思いついたのは自分だけだと、全員が思い込んでいるにすぎない。この一〇〇人のうち、特許や商標権の取得にこぎつける人が一〇人くらいはいるかもしれない。しかし、資本を調達し、商品を売ってくれる業者を探し、会社を立ち上げるという、退屈で地味でクリエーティブでもなんでもない仕事をやり遂げる人は、たぶん一人しかいない。一〇〇人中九九人は、そこまでやらない。

クリエーティブなアイデアは、クリエーティブでない努力をしっかりやらないと、なんの価値もないのだ。「発明は一%のひらめきと九九%の努力である」という格言は正しい。

もしあなたが革命的なアイデアをもっているなら、頭の中で考えているだけでなく行動しなくてはだめだ。せっかくのアイデアを価値あるものにするためには、作業服に着替えて袖をまくり上げ、クリエーティブでない退屈な仕事もたくさんやらなくてはならない。自分には新しいアイデアなんて思いつけないし、創造性の遺伝子のかけらもないと思う人も安心してほしい。アイデアそのものは、土に埋めていない種のようなもの。もっと大事なのは、テーブルになにをもってこれるかだ。断言していい。ビジネスで大成功を収め、富を築くには、創造性など必要ない。

借用ファイルのパワー

話を広告業界に戻して、「借用ファイル」の効用を紹介しよう。私は、広告やダイレクトメールなどを「創造」することで多額の報酬を受け取っている。だが実は、あまりクリエーティブな人間ではない。それどころか、なにかを創造したいというわずかな欲求さえも極力抑えるよう努めている。クライアントにとっては、私が自己満足のために創造性を追求するよりも、すでに効果が実証ずみのものをコピーしてつなぎ合わせるほうがずっと役に立つからだ。

では、私がどうやって広告をつくっているか紹介しよう。新しいクライアントと仕事をするときは、まずその会社がそれまでに打った広告をすべてチェックして、その効果を調べる。次に、ライバル業者が長期間続けている広告を洗い出す。長く続けているということは、効果があったと推測できるからだ。そうした材料のなかから、いちばん有効なアイデアやテーマ、特典を再利用する。過去の成功例をすべて無視して、自分の創造性をアピールしたり、エゴを満足させたりするためだけに、新しい広告を「創造」したりはしない。

続いて、「借用ファイル」を調べる。私はたとえば、効果的な売り文句をカテゴリー別に整理したファイアルをつくっている。そこには、消費者向けの言葉、企業向けの言葉、保証をアピールする言葉、新機軸をアピールする言葉の例が詰まっている。このなかから、新しいクライアントに使えそうなものをいくつか選び出す。次に、特典やサービスの内容に関するファイルをチェックする。その次は、宣伝文の本文用のファイルを見て……という具合に作業を進める。

それから、集まったパズルのピースを組み合わせて、広告なりダイレクトメールなりの土台をつくる。あとは、微調整の段階だ。要素のかみ合せを調整し、言葉遣いを商品や対象に合わせて変える。こうやって、私は使い古した素材をもとに広告を書き上げている。

これを長年繰り返しているうちに、いまではもう頭の中に立派な「借用ファイル」が出来上がっている。たいてい、わざわざファイルをひっくり返さなくてもすんでしまう。それでも、やることは同じだ。すでに効果が実証されている素材をつぎはぎして広告をつくる。ゼロからなにかをつくり出すことはしない。

広告業界では、クライアントの利益を無視した「創造のための創造」が横行している。手放しのクリエーティビティ礼賛は、もっとストレートでリスクが少なくて簡単な手段を見えなくしてしまう。クリエーティビティにこだわりすぎてチャンスを逃している人も多い。創造性は、ときとして有害ですらあるのだ。

ある大企業の例を紹介しよう。その会社には、五〇年以上使い続けている有名なロゴマークがあった。そこへ新しい社長がやって来て、なにか変えるものはないかと見回した。たぶん自分の権力をアピールしたかったのだろう。新社長は社内のマーケティングスタッフと広告代理店の人間を集めて、「流行に乗り遅れてはならない。わが社には、新しいモダンな企業イメージが必要だ」とぶち上げた。

巨額の資金を投じて、クリエーティブな作業が行われた結果、それまでのロゴマークはお払い箱になり、新しいロゴマークが採用されることになった。古いロゴマークがその会社の商品をイメージしたものだったのに対し、新しいロゴマークは、企業名をおしゃれだけれど読みにくい書体で描いたものだった。全米の小売店の看板、カタログや、パンフレットなどの書類のロゴがすべて変更された。新しいロゴマークをＰＲするためだけに、広告キャンペーンが行われた。

だが、消費者は無反応だった。それは、消費者には興味のないことだったのだ。やがて市場シェアへの影響が見えてくると、新しいロゴマークは売り上げを押し上げるどころか、逆に足を引っ張っていることがはっきりした。数カ月後、ついに白旗を掲げてロゴマークをつくり直すことを決めた。その結果、できあがった新ロゴマークは、古いロゴマークを取り入れたデザインになった。経営者の気まぐれで、莫大な資金をかけて行われたクリエーティブな試みは、消費者からノーを突きつけられたのだ。

コピーできるものはコピーすべし

私の経験から言うと、どんなマーケティング上の目標を追求するにせよ、どんなビジネスを起こすつもりにせよ、どんな個人的願望を実現したいにせよ、どこかにかならず成功したお手本がある。注意深く研究すれば、誰でもそこから山ほどヒントを引き出せる。

究極のクリエーティブな産業であるはずのテレビ・映画業界でも、正真正銘にクリエーティブな作品が生んでいる金はとても少ない。新しい革袋に古い葡萄酒を入れることにより莫大な利益が生まれているのが実態なのだ。

たとえば、懐かしの西部劇の舞台を宇宙に移せば、映画『スター・ウォーズ』が出来上がる。テレビの人気刑事ドラマ『マイアミ・バイス』は、マッチ箱に書かれた「MTV＋刑事」という走り書きから生まれた。スーパーマンの新しいテレビシリーズは、昔のスーパーマンの漫画と、スペンサー・トレーシーとキャサリン・ヘップバーンの映画『女性No.1』を足して二で割って、そこに映画『影なき男』風のハードボイルドのタッチとテレビドラマ『こちらブルームーン探偵社』のセクシーな会話を加えたことで成功した。コピーに、再利用に、つぎ合わせだ。コピーできるお手本がいっぱいあるのにわざわざゼロから創造する必要なんてどこにあるのか。スポンサーや株主の金を預かるテレビ局や映画会社の経営者にとっては、実に賢明な発想だ。そして、こういうふうに考えることは、すべての人にとって同じくらい賢明な態度なのだ。

常識を破って成功する法 6

世に言うところの「クリエーティビティ」については忘れたほうがいい。自分には創造性のかけらもないという人もくよくよする必要はない。創造性のあるなしはたいした問題ではないからだ。クリエーティブな人も、「創造のための創造」に陥らないよう気をつけ、すでに効果が実証されているものを（ちょっと改善して）活用するよう努める必要がある。当たり前のことを人並みはずれた熱意と努力で行うことの力を忘れてはいけない。

第7章「継続は力なり」のウソ

一度やってうまくいかなければ、もう一度やってみよう。それでもうまくいかなければ、やめたほうがいい。ばかのひとつ覚えはなんの意味もない。

W・C・フィールズ（エンターテイナー）

誰でも、忍耐の大切さを説かれた経験があるだろう。「途中で投げ出してはいけません」「ねばり強くがんばりなさい」といった忠告を真に受けた人は、激しい挫折感と罪悪感に苦しめられた経験があるはずだ。忍耐を重んじる考え方が頭にしみついているせいで、物事を途中でやめると、自分を負け犬扱いして、挫折感と罪悪感からずっと抜け出せなくなりがちだ。

忍耐を重んじる考え方は、実に有害だ。この忍耐の倫理のおかげで、もっと簡単なやり方があるのに、わざわざ難しい道を選ぶのがあたかも立派なことのように言われている。私たちの社会は、苦行礼賛の社会になってしまった。

私が勧めたいのは、いちばん簡単な方法で目的を達するという発想だ。私は近道が大好きだ。何事も簡単にできるにこしたことはない。他のビジネスマンが交通渋滞にいらいらし、重いスーツケースを引きずって右往左往し、面会先の応接室でじりじりしながら待っているのを尻目に、木陰のハンモックに寝ころんだまま、レモネード片手に携帯電話でやりとりするだけで目的をなし遂げられる人がいれば、その人に拍手喝采を送りたい。

勘違いしないでほしい。私も、怠け者は好きではない。なにもせずになにかを手に入れようという人間は大嫌いだ。勤労の尊さもわかっている。だが、すぐそばにエレベーターがあるのにわざわざ自分の足で山に登っても特別な勲章には値しない。

忍耐は万能薬でない

成績不振に苦しむセールスマンに向かって営業部長が言うお決まりのせりふと言えば、「もっと電話をかけろ」というものだろう。成績の悪い子供に親がかける言葉は、「もっと勉強しなさい」だ。だが、このようなアドバイスには欠陥がある。私が以前、ゴルフの達人に「私はもっと素振りをしないとだめですね」と言うと、「いや、そのスイングをいくら繰り返し練習してもだめです」という答えが返ってきたことがある。

例をあげよう。私は最近、テレビショッピングの番組制作の仕事をよくする。これは、ハイリスク・ハイリターンのビジネスだ。番組を一本つくるのに最低でも七万〜二五万ドルの費用がかかる。そのうえテレビの放送時間枠を買い取るのにも金がかかる。ところが、成功と言えるのは五回やってせいぜい一回だ。失敗か成功かは、放送開始後数日でわかってしまう。

最初の一週間で結果が出なければ、さらに金をつぎ込んでもう一週間同じ番組を流しても結果は変わらない。しかし、継続の美徳を実践すれば、いつか結果が出ると信じて、ただひたすら失敗作の番組を流し続けることになる。しかし、それが成功をもたらすことはない。

だめなら別の方法を試してみる

私が子供時代を送った土地は、繋駕《けいが》競争（二輪馬車を引かせる競馬）が盛んだった。繋駕競争用のスタンダードブレッド種の馬は複雑な動物だ。馬を速く走らせるための道具にもさまざまなものがある。いろいろな長さのブーツがあり、遮眼帯があり、手綱がある。蹄鉄も形や重さなどをあれこれ調節できる。

どの道具が馬の競走能力を高める役に立つかわからない。だから、馬の走りっぷりが悪いと思えば、すぐに試行錯誤を始めたほうがいい。遮眼帯をつけてみたらどうだろう。遮眼帯をはずしてみたらどうだろう。耳をふさいでみたらどうだろう。そんな具合に、いろいろな道具を一つずつ試していく。

だが、ほとんどの人は、そうはしない。せいぜいムチを強く入れるくらいで、なんの工夫も加えずに馬を走らせ続ける。同じことを続けているうちに、違う結果が生まれると期待しているのだ。しかし、そんなことで違う結果など生まれるわけがない。

蹄鉄が合っていなければ、いくら馬が頑張って走っても無駄だ。結果は変わらない。蹄鉄を替えるしかない。「もっとまじめに走れ」と馬を叱るのはばかげている。馬の最高のパフォーマンスを引き出す方法を工夫するべきだ。

この点は、マネジャーやコーチ、親もしっかり頭に入れておいたほうがいい。思い出すのは、私の高校時代の経験だ。私の地理の成績は、落第寸前だった。そこで両親は、地球儀と記憶法の本を買ってきてくれた。「もっと勉強しなさい」と怒鳴り散らしたりはしなかった。息子がもっと能率的に勉強できるように力になってくれたのだ。おかげで、地理の成績は「F（不可）」から「C」に上がった。

それにひきかえ、世の中のほとんどの人は、VTRのリプレイのような努力しかしない。ビデオをもう一度再生すれば、ついさっき四着で入線した馬が今度は先頭でゴールを駆け抜けるとでも思っているのか。

「作戦を変えるつもりはない」と言って、大事な試合を落とすスポーツの監督は多い。大量リードを許して迎えたハーフタイム。選手たちはすっかりうなだれている。監督は、テレビのインタビューにこう答える。「作戦を変えるつもりはない」

ちょっと待ってくれ。その作戦は、うまくいかなかったではないか！

こうした態度は、継続や忍耐と呼べる代物ではない。単なる愚行だ。このあと監督が言うセリフも決まっている。「あとは選手の頑張りに期待したい」。やれやれ。

継続と忍耐は破産に通ず

以前、レストランを経営している友人たちがいた。店の経営はだんだん傾きはじめていた。私が店に顔を出すと、この友人たちはいつもこういう言葉で話を締めくくった。「もうあとがない。でも、なんとか踏みとどまってみせるよ。最後までやり通すつもりだ。絶対に勝負を途中で投げ出したりしない。投げ出したら負けだからね」

たしかに、友人たちは最後までやり通した。毎日同じ時間に店に出てきて、同じことを繰り返した。そして毎日、一歩一歩確実に破産に近づいていった。やがてとうとう仕入れ業者への支払いができなくなると、この人たちは店を閉めて、街から出て行った。

私の知っているあるセールスマンは、「もしかすると」と答えたセールス相手を後生大事に抱え込んだおかげで、しまいには仕事を失ってしまった。この人物はセールス相手を誘導して、はっきり「ノー」と言わせないようにしていた。この人のデスクの引き出しは、そうした「脈あり」のカードであふれ返っていた。

このセールスマンは、来る日も来る日も同じ相手にセールスを続けた。これこそセールスマンとしての模範的な態度だと胸を張っていた。そして、ねばり強くセールスを続ければ、やがてその忍耐と継続が報われると信じて疑わなかった。ただひたすら頑張り続ければ、相手の気持ちを変えられると思っていたのだ。

しかし、その継続と忍耐はまったく実を結ばなかった。有能なセールスマンは、なるべく早く「イエス」か「ノー」の答えを引き出して、見込みのない相手にはさっと見切りをつける。はっきり「ノー」だとわかれば、それ以上その相手に時間とエネルギーをつぎ込まずに次の相手に向かうことができる。いくらセールスのテクニックを磨いたところで、しょせんセールスは数をこなした者が勝つ。「ノー」にさっさと見切りをつけられれば、おのずと獲得する「イエス」の数も増えるのだ。

エジソンのどこが偉大だったか

成功哲学の権威ナポレオン・ヒルは、エジソンの研究室を訪れたことがある。エジソンは一万回の実験でようやく電気をつくることに成功した。ヒルは、エジソンに尋ねた。「もし一万回目の実験にも失敗していたら、いまごろどうしていましたか」。すると、エジソンはきっぱり答えたという。「こんなところに突っ立ってあなたと話してなんかいないでしょう。研究室に閉じこもって、次の実験をしていたはずです」

このエピソードを特筆すべき忍耐力の例として紹介するビジネススピーカーは多い。「電気を利用するたびに、エジソンの類いまれなる忍耐力に感謝しよう」などと言われる。

ばかを言ってはいけない。感謝すべきは、エジソンが徹底して科学的なアプローチを貫いたことだ。言わずもがなのことだが、エジソンは同じ実験を一万回繰り返したわけではない。一万回すべて違う実験を行ったのだ。失敗した実験にはさっさと見切りをつけた。エジソンは、九九九九回、途中でやめた人間なのだ。

成功の秘訣は試行錯誤にあり

この二〇年ほど、私は広告の世界で仕事をしてきた。私の仕事のやり方を少し詳しく紹介しよう。

新聞や雑誌で商品の全面広告を打つとする。そういう広告をつくる場合、私は一本につき八四〇〇～一万二六〇〇ドルの報酬を受け取り、そのうえクライアントが広告を使うたびに使用料も受け取っている。しかし正直に言うと、いきなり大成功することはほとんどない。効果的な広告をつくるためには、いろいろな試行錯誤が必要だ。

たとえば——

1　見出しの文句を変えてみる
2　写真を使ってみる（写真を使うのをやめてみる）
3　写真の説明文を変えてみる
4　消費者の体験談を差し替える
5　商品の価格を変えてみる
6　一括払いにしてみる（分割払いにしてみる）
7　特典の内容を変えてみる

繰り返し使える広告ができればしめたものだ。そういう広告を業界では「コントロール（照査基準）」と呼ぶ。そしてコントロールが生まれれば、今度はそれをしのぐ広告の制作に取りかかる。

広告づくりのプロセスで、ほとんどの試行錯誤は結果に結びつかない。コントロールをしのぐ広告もめったに生まれない。トップクラスのコピーライターでも、ヒットを飛ばせるのはせいぜい四、五回に一回がいいところだろう。

広告業界では、失敗は日常茶飯事。私たちは強い忍耐力を発揮しなければならない。しかし、それは正しい忍耐である必要がある。試してみて、だめならあきらめて次に移るのだ。

「習うより慣れろ」なんてウソだ

誰でも、「習うより慣れろ」と教えられて育っただろう。だが、この格言は大嘘だ。先ほど、私のゴルフのスイングについて触れた。私のスイングはとんでもない代物だ。錆ついた蝶番《ちょうつがい》一つでかろうじて納屋にくっついている大きな扉が嵐のなかでばたばたしている姿に似ている。ゴルフの達人に相談すると、そのままではいくら練習しても悪いスイングが頭と体にますますしみついてしまうだけだと言われた。

成績のあがらないセールスマンが鏡の前で毎日二時間、同じセールストークを繰り返し練習して暗記したら、どうなるだろう。へたくそなセールストークがもっと頭に根を張ってしまうだけだ。セールスが失敗する確率は高くなる。習うより慣れろなど、とんでもない。

では、そのセールスマンに、成功する確率が高いと実証されているテクニックを織り込んだセールストークを教えたらどうだろう。そのセールストークを実演させて、その模様をビデオに録画する。それを再生して見せながら、どこが良くて、どこが悪いかを指摘し、どうすればもっと良くなるか指導する。もう一度やらせて、録画してコーチする。こうして模範的なセールストークを自分のものにしてしまえば、このセールストークを使って契約を取っている自分の姿を頭の中で思い描きながら一人で練習できるようになる。

以前、このトレーニング方法を使って、数百人のカイロプラクティック医に患者への説明の仕方を指導したことがある。このトレーニングを受けたあと、相談に訪れた患者が治療を申し込む確率が二倍になった受講生もいた。収入が一カ月で倍増した人もいた。

忍耐の美学は「倫理」にすぎない

忍耐に重きを置く考え方の多くは、今日とはまったく異なる時代に形づくられたものだ。学校を出てからしばらく親方の下で修業し、独り立ちしてからもずっと同じ仕事を続けて少しずつ出世していった時代。あるいは、大学を出てからいい会社に就職して定年まで四〇年勤め上げるのが当たり前だった時代。いずれにせよ、一つのコースに乗ったら、生涯そのコースにとどまった。たいていは走らず、ゆっくりと歩き、こつこつ働き続ける。そういう時代を好ましいと考えるか、好ましくないと考えるかは、いろいろな考え方があるだろう。だがはっきりしているのは、そんな時代は終わったということだ。

私の父は、楽して金を儲けたことなど一度もなかった。それを見て、私は父の姿に「勤労の倫理」を学んだ。そのことには感謝している。そうした姿勢は有益だし、最近では珍しい。しかし、勤労の倫理がすべての問題を解決してくれるわけではない。無鉄砲な忍耐は現実の世界ではほとんど役に立たないばかりか、ときとして有害ですらあるということに、私は気づきはじめた。しかるべき時にしかるべき場所を軽く押してやるほうが、同じ場所をハンマーでやみくもに叩き続けるよりずっと効果的なのだ。

かく言う私も、昔は困難に立ち向かうことが好きだった。難関中の難関に挑んで、自分にはそれを克服する力があり、それにともなう途方もない苦痛とプレッシャーに耐える力があるのだということを自分自身と周囲の人々に実証してみせることに価値があると思い込んでいた。でもいまは、くだらないと思う。年を取るにつれて、挑戦することに関心がなくなっていった。

いまの私は、なるべく楽をして獲物を仕留めたいと思う。

ある新人の株式ブローカーがいたとする。名前をトムとしよう。トムは上司から電話帳と電話を渡されて、これで営業しろと言われるはずだ。うまくいかなければ、もっと電話をかけろと言われるだろう。同期入社の同僚たちが挫折していくなかで、超人的な忍耐力を発揮して毎日何百件もの電話をかけ、次から次へと断られてもひるむことなく何カ月もがんばり続ければ、しだいに上司の覚えも良くなり、上得意の顧客リストを回してもらえる。それでも、骨が折れるだけの努力を延々と続けるという旧態依然のセールス方法で結果を出すことが求められることに変わりはないのだ。こんなやり方は誰にとっても無意味だ。

では、私がトムのためにちょっとしたマーケティング戦略を考えてあげたらどうだろうか。新聞に小さな広告を出し、ダイレクトメールを送る。飛び込みの電話セールスはやめにする。わざわざ電話や手紙で問い合わせてきた顧客、つまり、すでに取引をする気になっている人だけを相手にセールスを行う。生産性は格段に高まり、精根尽き果ててしまう危険も小さくなる。こういう楽な方法を選んだからといって、トムは根性なしなのだろうか。たしかに、嫉妬した同僚や当惑した上司は、いい顔をしないかもしれないが。

先ごろ、通信販売で売る三種類の新商品にそれぞれ新しい広告キャンペーンを試した。三つのキャンペーンのうち、一つはすぐにすばらしい結果が出た。もう一つはまずまず、残る一つはまったく期待はずれだった。

私のもてる限りの能力と資金をつぎ込めば、まずまずの広告を手直しして利益を上げさせられるだろうし、期待はずれだったキャンペーンも立て直せるかもしれない。先に紹介したような試行錯誤を繰り返して修正を重ねれば、どんな失敗作でも成功に導ける可能性はある。膨大な資金が必要になるかもしれない。傷つき、疲労困憊するだろう。それでも最後には勝利を収めて、鼻高々に武勇伝を披露できるかもしれない。

だが、私はそんなことはしなかった。期待はずれに終わった二つの広告キャンペーンは喜んでごみ箱に投げ捨てて、すぐに忘れてしまった。大成功を収めたキャンペーンにだけ目を向けて、そこに全精力をつぎ込んでフルスピードで突き進む。その結果、楽して大金を儲けることができた。

途中で投げ出すのは悪いことか

「勝者は途中であきらめたりはしない。途中で投げるのは、敗者のすることだ」とよく言われる。だが、ほんとうにそうなのか。高価なゴルフクラブを池に落としたり、いらいらがたまっても、ゴルフに上達して友達といっしょにプレーできるようになることが目標なら、我慢してゴルフを続けるのもいいだろう。というより、そうするしかない。ただし、目標を達成するためには多大な忍耐が必要だ。

だが、週に二、三回体を動かしてぜい肉を落とすのが目的なら、ゴルフのことは忘れて家の近所を早足でウォーキングしたほがいい。一カ月か二カ月悪戦苦闘したあとでこのことに気づいてゴルフをやめたら、この人は忍耐力のない落伍者という烙印を押されてしまうのか。賢明な選択だったとは言えないだろうか。

目標を決めるのは、おおむね生産的なことと言える。自分のめざす場所がわかっているのは、たしかに大事だ。ところが、えてして、その目標に到達するための方法を細かく決めすぎて身動きが取れなくなり、絶好のチャンスをことごとく逃してしまったり、もっと簡単な方法があるのに難しい方法にこだわりすぎて、とてつもない忍耐を強いられたりしてしまう。

私の子供時代の夢の一つは、作家になることだった。ミステリーに夢中になった時期もあった。古くはレックス・スタウトにジョン・マクドナルド、新しいところではロバート・パーカーやジョン・グリシャムの作品が好きだ。実は、自分でも一時期ミステリーを書いていた。エラリー・クイーンズ・ミステリマガジンとアルフレッド・ヒチコック・ミステリマガジンに送った作品は五〇を超す。その証拠に、五〇通の掲載却下通知が手元に残っている。

屋根裏部屋にこもって、食うや食わずの生活をしながらミステリーを書き続けていれば、想像を絶する忍耐が報われて、作品が一つくらいは日の目を見たかもしれない。しかし、どの出版社も手を出さない小説を書き続けて、ぎりぎりの生活をするためにあくせく働いていたに違いない。

幸い、私はミステリー作家になることにこだわらなかった。十分「試して」みてだめだとわかったので、きれいさっぱりあきらめて別の分野の物書きに転身した。結局、こちらのほうが私には簡単だった。敗北感など感じなかった。

私は二つの分野の物書きとしてかなり才能があるとわかった。一つは、ビジネス・自己啓発関連のハウツー本などの分野。すでに六冊出版しており、この本が七冊目になる。教材やカセットテープも制作している。もう一つは広告のキャッチコピー、ダイレクトメール、パンフレット、カタログ、テレビショッピングの分野だ。全米のさまざまな業種のクライアントの依頼を受けて広告の文章を書いて、八四〇〇〜一万二六〇〇ドルの報酬と使用料を受け取っている。

たしかに、ある程度の忍耐は必要だった。だが正直言って、あまり忍耐はしていない。自分の得意なことを見つけて、それをやっているからだ。

やめるが勝ち？

私の友人のマーク・ビクター・ハンセンは事業で惨めに失敗したことがある。建築関係のビジネスが破綻して、破産の憂き目にあったのだ。建築の仕事もやめてしまった。しかしその後、建築業界に復帰して、もがき苦しみながら頑張って、最後には大成功を手にした――と続けば、世間の喜びそうな教訓話になっていた。ましてや、復活を遂げるまでに一生涯かかれば、忍耐のお手本になれただろう。世の中には、そういう人も大勢いる。だが、ハンセンは違った。

建築の世界からすっかり足を洗い、それまで蓄えてきた知識や経験を全部捨てて、まったく新しい分野に挑戦することにしたのだ。すぐに、人前でスピーチをする才能があることがわかった。講演の仕事が財産を築くためのいちばんの近道だと気づいた。やがてハンセンは、この分野で全米有数の存在に数えられるようになった。共著で出版した『こころのチキンスープ』シリーズは、何カ月も、ニューヨーク・タイムズ紙のベストセラーリストに名を連ねた。財産も築いた。だが、このハンセンも途中でやめた人間なのである。

友人でクライアントのレン・シャイカインドのオフィスに行くと、壁に額縁がかかっていて、名刺が十数枚飾ってある。すべて、これまでに自ら手を染めたビジネスのためにつくったものだ。失敗してやめた仕事もあれば、うまくいったけれど気に入らなくてやめた仕事もある。そのどれについても、「忍耐」はしなかった。しかし、長く続けられる仕事を探す努力は続け、ようやく見つけたネットワーク販売のビジネスはもう一〇年以上続いている。このビジネスは、シャイカインドに巨額の資産をもたらした。いまや事業は世界に拡大し、傘下に数千人の販売員をかかえるまでになった。大勢の販売員が豊かな生活を送れているのも、シャイカインドが十数回途中でやめたおかげなのだ。

常識を破って成功する法 7

途中でやめた人間だと言われることを恐れてはいけない。目標を変えて方向転換するのは恥ずべきことではない。むしろ、やみくもな忍耐と継続は愚かと言うほかない。試してみてだめだったら、別の方法を試してみること。自分の望む方向に導いてくれるものを探そう。

第8章 「運なんて関係ない」のウソ

ばくちは毎日やらないとだめだ。人間、いつツキが回ってくるかわからないからな。

映画『のるかそるか』で
リチャード・ドレイファスが演じる主人公のセリフ

運は、人生でどのくらい重要なのだろう？　かなり大きな役割を果たしているのかもしれない。宅配便大手フェデラル・エクスプレスの創業者フレッド・スミスのエピソードは有名だ。あるとき従業員への給料の支払いに困ったスミスは、有り金を全部かき集めてラスベガスに飛んだ。そしてカジノで大勝ちし、なんとか急場をしのいだという。ギャンブラーには愛されているエピソードだが、ほとんどのビジネススピーカーはお気に召さないようだ。

成功法を説く著者やセミナー講師は、私の知る限り全員、運の力を頑強に否定している。当然と言えば当然だ。人間ではどうすることもできない運の存在を認めてしまうと、誰も自分たちの言葉に耳を貸さなくなりかねない。「運しだいで天国に昇ったり地獄に突き落とされたりするかもしれないのに、なんでわざわざ目標を定めたり、スケジュール管理をしたり、売り込みの仕方を勉強したりしなくてはいけないのか」と思われてしまう。だから、運の力を否定したい気持ちはわかる。だが、それは事実に反する。

運/不運は、間違いなく存在する。それをどう呼ぶにせよ、運命のいたずらはたしかにある。

大手証券会社キダー・ピーボディーでかつて投資銀行部門の共同責任者を務めたデービッド・ウィティグが経験したのも、運としか思えない出来事だった。一九八六年のある晩、ウィティグはドレクセル・バーナムのマーティ・シーゲルに招かれて、マンハッタンのマンションで夕食をともにしていた。

シーゲルは、ドレクセルに移籍しないかとウィティグを熱心に口説いていた。ウィティグは、シーゲルの目を見て言った。「いまデニス・レビンが窮地に立たされています。次はアイバン・ボウスキーが危ないという噂です。以前あなたは、毎日ボウスキーと話していると言っていましたね。あなたは大丈夫なのですか」。シーゲルは、ボウスキーとはこの二年間話していないと請け合った。

「そのとき、電話が鳴ってシーゲルの家政婦が部屋に入ってきた」と、ウィティグは言う。「そしてこう言ったんだ。『シーゲルさん、ボウスキーさんからお電話です』」。おかげで、ウィティグはシーゲルの口説き文句に乗らず、その後破綻する運命のドレクセルに移籍せずにすんだ。シーゲルがインサイダー取引で刑事起訴されたのは、この数カ月後のことである。

もし、あの日あの時間にボウスキーが電話してこなければ――電話が二人が会う前か後だったら、あるいはそもそもボウスキーが忙しくて電話する暇がなかったら、ボウスキーの携帯電話のバッテリーが切れていたら、ボウスキーが愛人と逢引中だったら――ウィティグがシーゲルの誘いに乗ってドレクセルに移っていた可能性は大いにある。そうなっていたら、シーゲルと一緒に刑務所に入っていただろう。これを運と呼ばずして、いったいなんと呼べばいいのか。

私は先日、フェニックスからカンザスシティーへ向かう飛行機で、アリゾナ州のツーソンでトレーニングコンサルタントをしている女性とたまたま隣合せになった。この女性は、心理学の学位をもっていて、ダイエット産業での実務経験があるとのことだった。トレーニングプログラムの開発・運営に関する実績もたしかで、そのとき私がある顧客に売り込んでいたプロジェクトにうってつけの人材だった。そのプロジェクトの責任者を誰に任せればいいか考えあぐねていたのだ。これを運と呼ばずして、いったいなんと呼べばいいのか。

「努力は報われる」という格言には一面の真理がある。私はおおむね勤労の倫理を信じているので、この格言も信じている。この考え方が潜在意識に刷り込まれているので、労せずしていいことがあるとつい罪悪感を覚えてしまう。そこで、幸運は勤勉と品行方正な生活のご褒美だと考えるようにしている。

だが、勤勉とも品行方正とも正反対の態度が幸運を招いた例も山ほどある。俳優のヒュー・グラントは、駐車中の車の中で売春婦の性的サービスを受けているところを逮捕された。しかし、これをきっかけにグラントは俳優として確実な地位を築き、そのときの売春婦ディバイン・ブラウンにはモデル契約と告白本の執筆依頼が舞い込んだ。この二人は、どう考えても善行のご褒美として幸運が転がり込んだとは言えない。

確実に言えるのは、幸運が舞い込んできそうな環境に自分を置くことも可能だということだ。考えてみれば、当たり前の話だ。家で寝ころんでテレビを見ていたり、ネコにエサをやったりしていては、夢を実現するための仲間とは出会えない。オフィスで自分のデスクに座ったきりで、与えられた仕事だけ黙々とこなしていては、出世の見込みも乏しい。宝くじの広告が言うように、「買わなきゃ当たらない」のである。

幸運がやって来そうな立場にいつも身を置くコツを身につけることは可能だ。幸運の女神の背中を軽く押してやることはできるのだ。私が飛行機の中で書類を読むのにかまけて隣の女性と言葉を交わさなかったら、新しいプロジェクトに最適の人材と出会うこともなかった。私は幸運の女神の背中を押したのだ。

常識を破って成功する法 8

運は間違いなく存在する。世の中には運のいい人がいる。その人が幸運に恵まれるに値する人物でなかろうと、あなたのほうがそれにふさわしかろうと、それはどうしようもない。だから、羨望や嫉妬のとりこになってはいけない。そんな暇があれば、幸運が降ってくる可能性のある環境に、なるべく自分を置くように努めたほうがいい。

第9章 「急いては事をし損じる」のウソ

トム・シーバー（元ニューヨーク・メッツ）「いま何時?」
ヨギ・ベラ（元ニューヨーク・ヤンキース）「いまこの瞬間のこと?」

「急《せ》いては事をし損じる」という格言は、NFLデンバー・ブロンコスのジョン・エルウェイには当てはまらない。エルウェイは、試合時間が残り二分を切ると無類の強さを発揮する。相手チームはその時点で2タッチダウン以上の差をつけてリードしていないと安心できない。それまでのエルウェイは、パスをすればタイミングは最悪、走れば止められていたかもしれない。味方のレシーバーはパスを落とし、バックスも機能しなかったかもしれない。それでもエルウェイは残り二分で突然元気を取り戻し、チームに活を入れ、試合をひっくり返してしまう。残り二分に、それまでの五八分間を上回る猛攻をかけるのだ。

このように、追いつめられると最大限の力を発揮するというのは、フットボールなどのスポーツの世界だけの現象ではない。ビジネスの世界でも、時間に追われてはじめて本領を発揮する人は少なくない。

私の友人のゲーリー・ハルバートはダイレクトマーケティングの戦略立案とコピーライティングでは世界でトップクラスと言ってもいい人物だ。ハルバートは、すばらしい才能をもっていることだけでなく、その才能をなかなか活用しようとしないことでも知られている。あれこれと言い訳を持ち出して何週間も仕事を先延ばしにする。そしてついに言い逃れできなくなり、締め切りまであと数時間というところになるとようやく仕事に取りかかり、ものの数分で片づけてしまう。業界のプロでも数週間はかかる仕事を、あっという間に仕上げてしまうのだ。

もっと速く!

このところ急速に業績を伸ばしている会社の一つに、テキサス州オースティンのコンピュータサービス会社BSGコーポレーションがある。EDS（アメリカ大統領選に出馬したこともあるロス・ペローが以前経営していた会社だ）やアンダーセン・コンサルティングのような強大なライバルに打ち勝つには相手より早く動くしかないと、創業者のスティーブン・ペーパーマスターは考えた。そこで、スピードを意識的に追求する企業風土をつくり上げた。この会社では、何事においても「速さ」が核になる。ペーパーマスターに言わせれば、全部門のトップを集めて行う年四回の会議は「四半期ごとの会議」ではなく、実質的に「年次会議」であるべきだ。つまり、一年分の仕事を三カ月で成し遂げるくらいのつもりで事にあたれというのだ。

一九八七年に従業員四人で発足したこの会社は、毎年五〇％の成長率を記録し続け、いまや年商六五〇〇万ドル、六〇〇〇人を超す従業員を抱えるまでになった。CEOとしての自分の役目は従業員に常にプレッシャーをかけ続け、加速し続けるペースに従業員が対応できるよう手助けすることだと、ペーパーマスターは考えている。この人物は、いつも「より速く」を追求しているのだ。

もちろん、「急いた」ために「し損じる」ことはあるかもしれない。いや、たぶんあるだろう。しかし、いまや多くの業界ではライバルに遅れを取らないためには「拙速」によるロスもある程度覚悟しなくてはならなくなった。企業の現場でも、リストラによる人員削減などにより、少ない人手でより多くの仕事をこなすことが求められるようになってきている。

勇み足も必要だ

マーケティングの世界に、「ドライテスト」と呼ばれる手法がある。建前上は違法とされているやり方で、まだ製品ができていない段階で広告を打ち、ダイレクトメールを発送するというものだ。こうすることで、製造を開始する前に、その製品が売れるかどうか瀬踏みするのである。テストで好ましい結果が得られれば大急ぎで製品の製造に取りかかり、早ければわずか数週間で完成させてしまう。アメリカの当局は禁止しているものの、私の知る限り大小問わずほぼすべての通信販売業者がドライテストを行っている。

私はほとんどの場合、プロジェクトの「計画」と「実行」を同時に進める。完璧を期すのではなく、ときには質を犠牲にしても、とりあえず商品を送り出すことを優先する場合も多い。欠点の矯正や微調整は市場にデビューさせたあとですればいい。

インク誌に、ポール・ブシャードというハイテク起業家についての記事が載ったことがある。ブシャードは、「急いて事を進める」姿勢の重要性を語っている。

《小さな会社は、完璧な製品の開発をめざすあまり、R&D（研究開発）の罠に陥りやすい。R&Dを重んじる会社はえてして、いつまでたっても新商品が完成しないということになりがちだ。立派なアイデアをもっている会社が研究開発にのめり込んだ末に、気がつけば社会にすっかり後れをとっていたという例はたくさん見てきた。必要なのは、実際にプロジェクトを動かしてみて、そこから学びながら手直しをしていくという発想だ。》

ブシャードは部下にこう言っているそうだ。

「際限なく商品をいじり回すのはやめて、いますぐ売り出せるようにしろ。価格を下げる方法やサイズを小さくする方法は、あとで考えればいい」

スピード狂が最後に勝つ

大きな成功を収めている人は、リスクを無視して先を急ぐ。ジーン・ランドラムの著書『成功者のプロフィール』によると、大きな成功を収める人は、例外なくある種の「スピード狂」だという。食べるのも、話すのも、車を運転するのも、眠りにつくのも速い。ウォルト・ディズニーは、長時間猛烈な勢いで働いて、次の瞬間にはオフィスの長椅子に倒れ込んで深い眠りに落ちるという生活を送っていた。通勤時間が惜しかったからだ。ピカソは一九歳のころ、毎日一点のペースで作品を量産していた。そんなことをしていると値崩れを起こすと、画商から忠告されたほどだった（結局、画商の見方は間違っていた）。

同書に紹介されている成功者に共通するのは、行く手を妨げるあらゆるものに対するいらだちと寛容のなさだ。私がこれまで仕事で接してきた人たちを思い返しても、最も成功している人たちはこの二つの特徴を備えていた。

常識を破って成功する法 9

「とにかく落ちつけ」とあなたに口を酸っぱくして言う人は、どうしてあなたがじっとしていられないのかわからないのだろう。たぶん、あなたがなにに生き甲斐を見出しているのかもわかっていないし、あなたが成功するためになにが必要かもわかっていない。「スピード狂」はたしかにその代償を払わされている。しかし、成功するために急ぐのであれば、失敗したり質が犠牲になったりするとは限らない。ほとんどの人は、必要以上にゆっくりしすぎている。

第10章　「仕事と遊びははっきりわけろ」のウソ

一パイントのボトルには一クオートの酒が含まれていなければならない。

ボイル・ロッシュ卿（一八世紀イギリスの国会議員）

「仕事と遊びははっきりわけろ」とは、しばしばしたり顔で口にされる格言だ。だが、これほど馬鹿げた話もない。

第一に、いまの仕事が面白くなければ、さっさと足を洗うことを考えたほうがいい。なにしろ、私たちの眠っていない時間の半分、そして人生の四〇年間は仕事に費やされるのだ。仕事を通じて自尊心や充足感を得られないのであれば、別の仕事を探したほうがいい。

第二に、そもそも仕事と遊びが両立しないとなぜ言えるのか。おそらく、こういうことが言われるようになったのは、工場の単調な反復作業しか仕事がなかった時代だろう。いまやそういう職種は減り、仕事の選択肢が増えている。収入を得る方法は、何千種類もある。経済的な報酬と精神的な報酬の両方を得られる仕事があるはずだ。探してみよう。

私はセミナーなどで、ラリー・キングと一緒になることが多い。CNNで毎晩放送している超人気トーク番組『ラリー・キング・ライブ』の司会で有名だが、もともとは全米で放送されるラジオのトークショーで名前を売った男だ。はじめてラジオでトークショーをもったのは、一九七八年。当初は二八のラジオ局で放送されていただけだったが、やがて四七〇ものラジオ局がこの番組を流すようになった。このトークショーは、一六年間も続く長寿番組になった。キングほど仕事をとことん楽しんでいる人間を私は知らない。一分一分を心底楽しんでいる。まるで、アメリカン・エキスプレスのゴールドカードを渡されてオモチャ屋さんで自由にさせてもらった子供のようだ。そしてこれこそ、これだけ長期間にわたって成功の頂点に立ち続けられている秘訣に違いない。

第三に、仕事と遊びを混ぜるチャンスはたくさんある。私の知っている成功者たちは、そういうチャンスを最大限利用する。

私自身もそうだ。私は仕事で出張に出かけることがとても多い。一年の半分は出張中と言ってもいい。そこで、出張の最後に大都市に立ち寄り、そこで妻と合流して二、三日過ごすことにしている。スケジュールを調整して、出張途中に、私の所有する競走馬がいる競馬場に足を運べるようにもしている。そんなチャンスを利用しない手はない。

第四に、誰もが勘づいているとおり、楽しい仕事をしているほうがうまくいく。アメリカの競馬界では、七〇代や八〇代になってもまだ仕事を続けている調教師が珍しくない。生活に困っているからではない。競走馬の調教以外のことをするなんて考えられないからだ。断言してもいいが、この人たちは、温暖なアリゾナでほかの引退者と一緒に短パンでゴルフコースを回りながら最期の日を待っている高齢者より、はるかに充実した暮らしをしている。

私は、仕事とはこういうものであるべきだと思っている。もちろん、年を取れば仕事を減らしたくなるだろう。私自身、いずれは働く時間を少なくして、のんびり過ごしたくなるに違いない。それでも、いまの仕事を完全にやめるつもりはない。将来すっかりやめてしまいたくなるような仕事はしていない。それが、いま私が仕事でうまくいっている理由なのだろう。

常識を破って成功する法10

仕事と遊びの境界線をなるべくあいまいにしよう。あらゆるチャンスをとらえて、仕事と遊びをミックスしよう。

第11章 「ハイテク万能主義」のウソ

変化は人にある種の安堵感を与える。たとえそれが事態のいっそうの悪化を招くものであったとしても。駅馬車で旅をしていて気がついたのは、環境を変えて新しい場所でぼろぼろになることに快適さを見出す場合も少なくないということである。

ワシントン・アービング（作家）

「ユナボマー」という名前を覚えているだろうか。アメリカで爆弾テロを繰り返し、テクノロジー批判を展開した声明文を新聞社に送りつけた男だ。ユナボマーを弁護するつもりは毛頭ない。この男のしたことはいかなる事情があっても許されない卑劣な犯行だ。しかし、猛烈な勢いで進む社会のハイテク化に警鐘を鳴らしたユナボマーの主張に耳を傾けるべき点があることは、多くの人が認めざるをえないだろう。

私が思うに、技術革新はコミュニケーションの速度は高めたが、コミュニケーションの質の向上にはあまり役立っていない。徹夜で仕事を仕上げて宅配便で送るのが特別なことだったのはついこの前のことだ。すぐにそれは当たり前になり、やがてそれでは遅くなってしまった。ファクスという機械があらわれたのである。オフィスにやって来たこの目新しい機械は、またたく間に普及した。しかし、今日では電子メールの登場により、ファクスも時代遅れになろうとしている。

テクノロジーの進歩はコミュニケーションの速度を劇的に高めた。いまやコミュニケーションは瞬時に完了する。だから、情報の送り手にはとてつもないプレッシャーが新しく加わった。息をつける場所はもうないのだ。

携帯電話でいつでも連絡が取れるようにし、連絡が入れば電子メールですぐに返事をしなければならないという強迫観念にとらわれている人は多い。こういう人たちは、自分のスケジュールを決める自由を放棄し、じっくり考えずに決定を下すことを余儀なくされている。そのもたらす結果は悲惨だ。

私は、テクノロジーに振り回されることを拒否している。いまでも頑固に、携帯電話を持ち歩くことを拒否している。受信したファクスのチェックも、オフィスにいる間は出社時と退社時の一日二回だけ、出張中は二日に一回しかしない。電子メールのアドレスももっていない。飛行機の中にファクスをよこす連中には腹が立つ。私に言わせてもらえば、テクノロジーを利用することとテクノロジーに振り回されることとは大違いなのだ。

テクノロジーがコミュニケーションの質を落とす場合も多い。私が以前コンサルティングの仕事をしたある大企業では、社内ボイスメール、ファクスの同報送信システム、電子メールが充実しているので、幹部たちが何週間も顔を合わせなくても大丈夫だというのが自慢だった。そこで、私は言った。「みなさんは間違っていると思います。なるほど、メッセージをやりとりするうえで問題はないかもしれません。しかしそれは、ほんとうのコミュニケーションと言えるのでしょうか。私には大いに疑問です」

私は、理屈のうえでは電話やメモ、あるいはテレビ会議ですませたほうが時間と費用の節約になるとわかっていても、わざわざ飛行機に乗って人に会いに行くことが多い。同じ空間で面と向かって話し合うことの利点は、ほかのコミュニケーション手段では得られないものだ。セールスや交渉の場面では、ローテクがハイテクに圧勝するのだ。

常識を破って成功する法11

テクノロジーの誘惑に負けてはいけない。取り入れようと思っているテクノロジーは、ほんとうに自分の役に立つのか。かえって足枷になることはないのか。この点を真剣に考えたほうがいい。役に立たないと思えば、最新のテクノロジーであっても取り入れない勇気も必要だ。

第12章 「お客様は神様です」のウソ

批判されたくなければ、なにもせず、なにも言わず、なにものでもなくなればいい。

エルバート・ハバード（作家）

全米で視聴率トップになったコメディ番組『となりのサインフェルド』に、客を客とも思わないスープ店オーナーが登場する「スープ・ナチ」というエピソードがあった。顧客サービスの常識をことごとく踏みにじっているこのオーナーには、ニューヨークに実在のモデルがいる。その店主は遠慮なく客を怒鳴りつけるし、誰の指図も受けない。言い争いに負けるくらいなら客を失っても構わないくらいに思っている。

顧客サービスで最低の評価を受けている国はおそらくドイツだろう。「アメリカと日本では『お客様は神様です』というスローガンが生きているのに対し、ドイツでは『つべこべ言わずに、とっとと金を払え』と言わんばかりだ」と、かつてニューズウィーク誌は書いた。この記事では、ベルリンの香水店でオーナーに「おはようございます」と挨拶しなかったために追い返されたアメリカ人女性客のエピソードを紹介している。

小売業やサービス業に従事する人の頭には、「お客様は神様です」という格言が金科玉条のごとく叩き込まれている。客の言うことがどんなに筋が通っていなくても、ぐっと我慢して言い争わず、事を荒立てないように努めよと教えられる。

しかし、サウスウエスト航空のハーブ・ケレハー会長の意見は違う。「部下に対する上司の最大の裏切り行為は、『お客様は神様です』と言うことだ。お客様が正しくない場合も多い。そういうときには、上司は部下を守ってやらなくてはいけない。そういう顧客の要求を受け入れる必要はない。手紙を書いて、『よその航空会社をご利用ください。わが社の社員を困らせないでください』と言ってやるべきだ」

こうした従業員重視の姿勢は報われている。サウスウエスト航空が成功した要因の一つとして、大半の財務アナリストは極めて良好な労使関係を指摘している。タイム誌はかつてこう書いた。「サウスウエスト航空の成功の秘訣は、部署の垣根を越えて従業員を働かせることを認めた労使協約にある。パイロットや客室乗務員も飛行機の清掃を手伝うし、駐機場の作業員が航空券を売り、地上職員が荷物の積み下ろしをすることもある」

理不尽な顧客とトラブルになったときに従業員を守るという姿勢は、「ケレハー伝説」の一つだ。よく考えもせずに、「お客様は神様です」とオウム返しに唱えている経営者は、ケレハーを見習ったほうがいい。

「不要」な顧客もいる

お客様のなかには、いないほうがいい客もいる。と言うと、びっくりする人も多いだろう。多くの経営者は、できるだけたくさんの客を得るために全力を尽くし、獲得した客は一人たりとも逃さないように精一杯努力すべきだと考えている。私の考え方は、これとは正反対だ。

第一に、私はそうしたほうがいいと思えば、顧客を「クビ」にする。私は書籍や講演テープの通信販売で、無条件に商品の返品に応じている。そのことに嘘はない。しかし、ある顧客が返品をして別の商品を購入し、また返品して代金の払い戻しを受ける場合、私たちは二つの結論を導き出す。これからもこの顧客を満足させるのは難しいということ。そして、この顧客は出版物やカセットを勝手にコピーして、私たちの利益をかすめ取っている可能性が極めて高いということだ。返金のコストもばかにならないので、そういう顧客にはまったく価値がない。会社にとってお荷物にすぎず、財産とは言えない。そこで「ブラックリスト」に載せて、ダイレクトメールの送付リストからはずす。そして次回から、雑誌広告などを見て申し込んできても、要注意人物として購入を断る。

第二に、ハーブ・ケレハーと同じように、こちらに非がなければ従業員の味方をしてやるべきだと考えている。顧客に抗議の手紙を書いて、もう取引をするつもりはないと通告することもある。もちろん、私や従業員のほうが間違っている場合もある。私たちもミスはする。そういう場合は、顧客に謝罪して、失敗を埋め合わせるために最大限の努力をする。しかし実際には、わがままずぎて取引相手として価値のない顧客が少なくない。

扱いにくい顧客にどこまで尽くすかは、ビジネスをする人それぞれが決めればいい。だが少なくとも言えるのは、「お客様は神様です」という格言を無批判に金科玉条のごとく信奉するのは賢明と言えないということだ。

大事なのは量より質

ビジネスの種類が異なれば、それに適した顧客層も異なる。アップル・コンピュータ元会長のジョン・スカリーや未来学者のアルビン・トフラーの評価も高いマーケティングコンサルタントのレジス・マッケンナは、「顧客の数よりも顧客の質のほうが大切だということに気づいていない会社が多い」と述べている。

私もまったくそのとおりだと思う。コンサルタントとしての仕事のスタイルや性格を考えると、私がいちばんうまくいくのは起業家タイプの顧客だ。官僚的な体質の大企業と仕事をしても、衝突してうまくいかないことが多い。それがわかっているので、大企業を顧客として獲得しようという努力はまったくしていない。この五年間で行った大企業相手の仕事は、五件に満たない。自分にとってどういう顧客層が理想的かわかっているし、そうした顧客を獲得したいと思っている。そしてそれと同じくらい、それ以外の顧客にはお引き取り願いたいと思っている。どんなビジネスに携わる人も、自分のビジネスに最も適した顧客を選び、そうでない顧客を避けたほうがいい。

顧客層の選り好みをすべし

広告で「顧客を選ぶ」姿勢を貫いているのは、モーテルチェーンの「モーテル6」だ。モーテル6は、余分な装飾やサービスをそぎ落として全米一の低価格路線を追求している。この会社の賢明なところは、サービスはなくても安いほうがいいと考える消費者層を意識して広告を打っている点だ。過剰な期待をいだかせることはしない。むしろ、消費者にあまり期待をもたせないようにしている。

モーテル6のメッセージは単純明快、それは要するに、清潔で快適、それ以外のサービスは一切なし、でも価格はほかのモーテルの半額というものだ。印象的なのは、こんなテレビコマーシャルだ。真っ黒な画面に、文字が出てくる。「ほかの高いホテルも、寝ているときはこういう風にしか見えません」。そしてそのあとに、「私たちのホテルも、寝ているときはこう見えます」と続く。夜寝るだけならこれで十分、わざわざ高い金を出す必要などない、と言いたいのだ。

ターゲットにしている顧客層は、出張の多いビジネスマン、それに宿代を切り詰めたいドライブ旅行中のファミリーだ。モーテル6は、こういう顧客を十分満足させている。もちろん、満足しない顧客も多いだろう。しかし、もっといろいろなことをホテルに求める顧客には、「ここはあなたの泊まるところではありません」と教えてあげている。

ターゲットとする顧客層をしっかりと絞り込み、その層に合わせたメッセージを打ち出す。それがほかの顧客層を遠ざけるものであっても構わない。モーテル6は、こうした戦略を追求したお手本だ。

私がいつも強調しているマーケティングの基本戦略の一つは、商品やサービスや会社を漠然と宣伝するのではなく、獲得したい顧客にねらいを定めて宣伝するというものだ。自分の「理想の顧客」を知って、そうした顧客にターゲットを絞り、それ以外の顧客はあえて遠ざける。その決断を下すのは、早ければ早いほどいい。

一流クライアントの波及効果

影響力の強い顧客をねらい撃ちすることが好結果を生むケースが多いと、マーケティングコンサルタントのマッケンナは述べている。有力企業と取引していれば、会社の評判と信用が高まる。マッケンナは著書のなかで、最初の顧客としてシティバンクを獲得したあるコンピュータシステム会社の例を紹介している。この会社はシティバンクという一流クライアントをもったおかげで、ビジネスウィーク誌に取り上げられて知名度を上げた。シティバンクの名前を出すことで、ほかの金融サービス会社との取引も広がった。マッケンナの言うように、もし最初の顧客がもっと小さな無名の金融機関だったら、この会社の評判が広まるまでにもっと時間がかかっただろう。

マッケンナに言わせれば、影響力の強い顧客をがっちり確保するというのは実に賢明な戦略だ。新しいビジネスを起こすときは、最初に少数の「ビッグネーム」のクライアントを獲得することによって、トップクラスの料金を取れるだけの地位と信用と能力を得られるのだ。

顧客を選り好みし、必要とあれば顧客を切り捨てるという発想は、常識に反するように思えるかもしれない。だが、これは決して新しい考え方ではない。伝説的な広告マンのデービッド・オグルビーは、広告代理店を立ち上げたとき、なんとしても顧客にしたい会社を一〇社選び出して執拗にセールスをかけた。そしてついに、一〇社のうち八社を口説き落としたという。標的とする顧客層を獲得し、さらには具体的にねらいを定めた特定の顧客を獲得することは可能だと、私は確信している。

年に一度は顧客の大掃除をしよう

クライアントには、毎年一回、顧客リストの「大掃除」をするよう勧めている。個々の顧客の価値をじっくり検討し、その顧客のためにかかるコストを徹底的に洗い出すのだ。

歯科医でも通販会社でも部品メーカーでも、ほとんどの業種では「八〇対二〇の法則」が成り立つ。つまり、利益の八〇％は二〇％の顧客によってもたらされ、トラブルの八〇％は二〇％の顧客によってもたらされるのだ。利益をもたらす二〇％の顧客と同じ人たちでないのなら、トラブルのタネになるだけで利益をほとんどもたらさない二〇％を切り捨てるのは賢明な選択だ。こうして不要な顧客を「追放」することにより生まれた空白は、戦略的視点から選んだ顧客で埋めればいい。

常識を破って成功する法 12

お客様がいつも正しいとは限らない。もちろん、顧客の不満を理解することは大事だし、できれば顧客の要望にこたえ、価値ある取引関係を続けるにこしたことはない。だが、自分たちに非がないときは、自分や部下の立場をしっかり主張するべきだ。

そして、自分の商品やサービス、能力、ビジネスのスタイルを考えて、最も満足してもらえそうな顧客層にターゲットを絞ること。好ましくない顧客は定期的に「大掃除」して、代わりに理想的な顧客を増やしていく。そうすれば会社の収益も上がるし、スタッフの仕事の効率も上がる。顧客にも満足してもらえるし、あなたも不満やいらいらをため込まずにすむ。

第13章 「リッチになるには時間がかかる」のウソ

誰かがリッチにならなきゃ、経済は立ち直らない。だったら、リッチになるのがオレだっていいはずだ。

ラッシュ・リンボー（ラジオ司会者）

短期間で金持ちになろうと思うと失敗すると、よく言われる。だが、本当にそうなのだろうか。この格言が成功の足を引っ張ってはいないだろうか。「リッチになるには時間がかかる」という常識をあざ笑って成功を収める人が増えているように見える。

私の元クライアントでビジネスパートナーのジェフ・ポールは、はじめて私のセミナーに参加したとき、クレジットカードで一〇万ドルを超す借金をしていて、一家は妹の家の地下室に居候していた。しかし三カ月後には、自宅を拠点に出版・通販ビジネスを行い、月に五万ドルの収入を得ていた。一年後には、借金を完済して立派な新居に引っ越し、たくさんの資産を手にしていた。そして三年後、ポールは億万長者になっていた。

ネブラスカ州オマハのダグ・ニールセンとジュリー・ニールセンの兄妹が割引クーポンマガジンのビジネスで得ていた収入は、年間約五万ドル程度。しかし、このビジネスをパッケージにして全米の起業家に販売しはじめると、ニールセン兄妹の事業はそれこそ一夜にして巨大ビジネスに成長した。それまで一年かけて得ていた収入を一カ月で手にするようになった。

カーペットクリーニングのビジネスを行っていたジョー・ポリッシュは、大勢の顧客を獲得するための画期的な方法を考案。そのシステムをほかのカーペットクリーニング業者に販売しはじめた。一〇〇〇ドルに満たない予算で出発したビジネスは、一年後には売り上げ二五万ドルを突破。売り上げは、二年後には五〇万ドル近く、三年後の現在は年商一〇〇万ドルに迫ろうという勢いだ。

このすべてに共通するのは「迅速さ」だ。ビジネスを始めて二カ月目までには黒字になり、半年以内に月収一万ドルを突破している。

勢いを味方につけるのが勝利の秘訣

全米に展開しているレンタルビデオチェーン、ブロックバスターを一大帝国に築き上げたウェイン・ハイゼンガのビジネスのスピードは、「迅速」という言葉では足りないくらい速い。ハイゼンガは、素早くビジネスを拡大する必要があるとわかっていた。短期間で市場を支配して、ライバル企業の登場を断念させるためだ。

一九八六年末の時点で、ブロックバスターの店舗数はわずか一九店だった。それが八七年末には一三三店、八八年末には四一五店、八九年末には一〇七九店に拡大した。ある時点で四八時間に一店舗のペースで新規出店していたのが、やがて二四時間に一店舗になり、ついには一七時間に一店舗のペースに達した。

ブロックバスターの店舗がつくられる現場を目撃することは誰にもできないと言ったのは、テレビ司会者のデービッド・レターマンだ。なにもなかったところに、一分後にはブロックバスターの店舗が完成しているというわけだ。

この猛ペースは、ハイゼンガをはじめブロックバスターの幹部やスタッフに大きな負担を強いた。しかしこの壮絶な急拡大路線のおかげで、全米規模でブロックバスターに挑戦するライバルらしいライバルは登場せず、市場を独占できた。

当初、ハイゼンガはこの拡張戦略について、専門家に具体的な計画の立案を依頼した。すると、ハイゼンガが数年で実現したいと考えていることは、マクドナルドでも数十年かかったことだと指摘された。つまり、そんなことは無理だと言われたのだ。しかしハイゼンガは、それを見事に成し遂げてみせたのである。

実は、ゆっくりやることは素早くやるより難しい。のろのろやっていては、勢いがつかないからだ。線路の上に角材が置いてあれば、どんなに馬力のある機関車でも走りはじめたばかりだと、そこで止まってしまう。ところが、フルスピードで走っている機関車にとって角材は爪《つま》楊枝《ようじ》と同じ。乗客は角材の上を通過したことに気づきもしないだろう。勢いを味方につけるにこしたことはない。

常識を破って成功する法13

リッチになるには時間がかかるなどと思い込んではいけない。一気に大きな飛躍を目指していけない理由はない。ゆっくり堅実に歩めば成功するという保証もない。どういう戦略が最も理想的かは、ケースバイケースで異なる。そして、迅速にことを運ぶことが成功のための唯一の方法だという場合も少なくないのだ。

第14章 「元手がないと話にならない」のウソ

究極の二重苦だった。破産していて、おまけに経験もなかったからね。

ヒュー・ヘフナー

（プレイボーイ誌の創刊発行人――創刊当時を振り返って）

事業を起こせない理由として人がいちばんよく口にするのは、資金がないからというものではないだろうか。金はないし、用立ててくれる人も心当たりがない。資金が手に入らないから駄目だというわけだ。だが、そう考えるのは間違っている。

たいがいのビジネスの専門家は、ありきたりの新規開業の青写真に従って、最初の二～五年は赤字を覚悟しなくてはならないと釘を刺し、設備の費用とランニングコストにいくらかかるかをはじき出して、事業を始めるには莫大な元手が必要だと言うだろう。だが、事業を起こして資産を築いた人たちのなかには、そうした常識を無視し、開業資金はほぼゼロの状態から始めて、苦しみながらトップまではい上がった人が大勢いる。資金に不自由せず、生き残りのために苦労しないですむことは、むしろ有害な場合も少なくない。

資金がないと金を儲けられないと言う人は、たとえ資金があっても儲けることができない。だから、もし誰かを資金援助するなら、元手がなくてもやっていけると証明した人にしたほうがいい。

たとえば、大学生向けにキャンパスのガイドブックを出版しているキャンパスコンセプト社の創業者イアン・レオポルド。一九九五年に四〇〇万ドルを売り上げたこの会社は、八五年に四八ドルの資金で出発した。誤植ではない。たったの四八ドルである。

レオポルドがこのビジネスを始めたのは、大学時代のことだ（大学のビジネスの教授は、授業の課題として提出したビジネスプランがあまりに非現実的だとの理由でレオポルドを落第させた）。ほかの学生を雇って売り込みをさせ、広告主を獲得すると、その広告料で最初のガイドブックを印刷した。しだいにほかの大学にもビジネスを広げていった。その後、キャンパスガイドの仕事を続けながら、ＭＢＡを取得。クリーブランドの会社に就職したが、キャンパスガイドのビジネスも平行して続けた。事業を拡大するための資金が足りないときは、自分のクレジットカードを使って融通したこともあった。「クレジットカードがなかったら、ビジネスを続けられなかっただろう」と、レオポルドは言う。

いまはキャンパスガイドのビジネスに専念しているレオポルドは、全米三五都市の七〇以上の大学でガイドブックを発行するまでになった。発行部数は合計一〇〇万部を超す。広告主には、各大学の地元企業だけでなく、ソニーやＩＢＭなど「全国区」のクライアントも名を連ねている。最初の四八ドルの投資がいまでは一〇〇倍近くに膨らんでいる。

もし五万ドル、あるいは一〇万ドルの元手で事業を始めていたら、たぶん最初から立派なオフィスを構えて事務機器もそろえ、秘書を雇い、専門のセールスマンを使ったり、料金の後払いを認めていただろう。是が非でもすぐに採算を取ろうという気にはならなかったかもしれない。将来、数百万ドルの利益を手にするどころか、五万ドルの元手をどぶに捨てる結果になっていた可能性が高い。私はそうした例をさんざん見てきた。潤沢な資金が足を引っ張る場合もあるのだ。

私は、共同経営者になっている通販会社が新しいビジネスに乗り出すとき、一〇〇〇～二〇〇〇ドルしか資金を融通しないことにしている。それをもとに残りの資金を調達し、売り上げを投資に回すことによって収益を上げていくべきだ。会社の他部門の利益を食うようなことがあってはならない。

もっと大規模な投資をしようと思えば簡単にできる。しかし、そうすればビジネスがもっとうまくいくかというと、それは疑問だ。むしろ、資金面でのプレッシャーをかけられると、厳しい状況に陥れば少しでも早くそこから脱しようとするし、少しでもいい決定を下そうと努め、採算を徹底的に追及するようになるものだ。

ビジネスが軌道に乗ったあとなら、隠れた可能性を探るために失敗を覚悟で奇抜なアイデアや新しい技術にある程度の資金をつぎ込む余裕も出てくる。だが最初のうちは、持てる限りの経験とノウハウを安全確実で手堅いものにつぎ込んで、投資した資金が確実に四倍になって戻ってくるようにしたほうがいい。私はこの方法により、これまでに一〇を超すビジネスを成功させてきた。

資金不足はただの言い訳

仲間と一緒にコンピュータゲーム会社のアタリ社をわずか五〇〇ドルの資金で設立し、四年後にワーナーに売却して二八〇〇万ドルを手にしたノーラン・ブッシュネルは、成功できるかどうかの分かれ目は結局のところ一点に尽きると語っている。それは、「ぐずぐずしていないで一歩を踏み出す」ことができるかどうかだ。

スズメの涙ほどの資金で事業を立ち上げ、そこから巨大なビジネスと莫大な資産を築いたブッシュネルのような人たちについて調べたり、会って話を聞いた結果、資金不足は言い訳にすぎないと、私は確信するにいたった。事業を始めるにはしかるべき資本が必要だというビジネスの常識は大嘘だとわかった。

ゼロからビジネスを立ち上げるのは、決して難しいことでない。たとえばボストンには、朝の渋滞時の道路で車の間を縫うようにして行ったり来たりしている男がいる。背中の奇妙な装置からは、元気のいい音と威勢のいい蒸気を立てて、いれたてのコーヒーが出てくる。渋滞にはまっているドライバーにコーヒーを売って歩いているのだ。ドライバーとジョークを言い合い、会話を楽しみ、お客を明るい気持ちにさせながら、かなりの儲けを得ている。これは、ゼロから生まれたビジネスである。

ニューヨークには、イヌの散歩を請け負っている若い女性がいる。一度に一〇匹前後のイヌを連れて遠くまで散歩に出かけるのだ。ある年の収入は三万ドルを上回ったという。これもまた、ゼロから生まれたビジネスだ。

一風変わったビジネスチャンスに気づいた女性もいる。ビジネスウーマンにとって、仕事中にストッキングが伝線するのは日常茶飯事。そこに目をつけたこの女性は、ストッキングのデリバリーサービスを始めた。電話で注文を受けて、すぐに会社のデスクまで新しいストッキングを届ける。このビジネスは、いまや年商一〇万ドルを超すまでになった。

シアトル空港には、クイックマッサージのコーナーがあって、いつもマッサージ師が待機している。旅に疲れた旅行客は、ふかふかのヘッドレストに頭をあずけ、肩や首すじのマッサージを一五分間受けられる。同じようなビジネスはほかの空港にも続々と登場している。

トロント都市部のある駐車場には、毎週月水金の朝に大学生が詰めていて、予約制で洗車、ワックスかけ、掃除など、車の手入れを請負っている。車の持ち主はその間、オフィスで仕事をしたり、ミーティングや食事や買い物に出かけられる。

カリフォルニア州サンディエゴ在住のレナ・シャマウトは、一時間につき一〇ドルの料金で、電気製品などの修理業者や荷物の宅配を待つ家の留守番を請け負っている。エアコンなどの修理業者やカーペット業者、家具の配達業者は、厳密に何時に来ると約束することはあまりない。たいてい「一〇時から四時の間」といった曖昧な約束しかしない。外出せずにそれをずっと待っているわけにいかない多忙な人たちが留守番を依頼する。

シャマウトがこのビジネスを思いついたのは、それ以外に収入を得る方法がなかったからだ。中学も卒業しておらず、三〇年間専業主婦を続けてきたので、仕事に就きたいと思っても履歴書に書く材料がなにもなかった。働いて生計を立てるのをあきらめて、生活保護に頼ろうと思っても不思議はなかった。だが、シャマウトはそうしなかった。二八ドルで新聞に広告を出して、プロの留守番ビジネスを始めたのである。印刷業者に仕事を依頼されると、代金を受け取るかわりにちらしを刷ってもらって近所の家に配った。ビジネスは拡大し、商売の方法も洗練されていった。いまでは一日に五〇～七〇ドルの儲けがある日も珍しくない。

この女性のことを教えてくれたのは、私が発行しているニュースレターの購読者の男性だった。この男性は、シャマウトの方法論をもとにして、もっと大きなビジネスを起こしたいと考えている。留守番サービスに加えて、料理や掃除、ちょっとした修理なども行うというのだ。

スタッフを使ってビジネスを展開したいとのことだ。

このビジネスはきっとうまくいくだろう。たとえば、一時間二〇ドルで毎日五時間、週五日、二〇人のスタッフをフルに稼働させれば、週に一万ドル、月に四万ドル、年に四八万ドルを稼げる。このビジネスを一〇の地区で展開すれば、年商五〇〇万ドル近い規模のビジネスになる。そのノウハウをひとまとめにして、同じような事業を起こしたいと考えている起業家志望者に売れば簡単に億万長者になれる。たった二八ドルの新聞広告で、そのスタートを切ることができるのだ。ぐずぐずしていないで一歩を踏み出せというノーラン・ブッシュネルの言葉は、すべての人にとって最善のアドバイスの場合が多い。

『アイデアで億万長者になる法』という本を出版したこともあって、私はよく、新しい商品のアイデアを思いついた人から相談を受ける。相談者の半分以上は、事業を始めるのに必要な資金がなく、アイデアに投資してくれる人も見つからないと愚痴を言う。だが、この人たちが知っておくべきなのは、アイデアもアイデアをもっている人間もそこらにいくらでも転がっているという事実だ。せっかくアイデアをもっているのに、それをもとになにかをしようというガッツのない人間ははいて捨てるほどいる。なかには、発明に目をつけてくれた大企業とライセンス契約を結び、その使用料で莫大な財産を築く人もいる。だが、それを期待するのは宝くじに当たるのを待つようなものだ。成功を引き寄せたければ、とっとと重い腰を上げて、アイデアをビジネスに変えるために動き始めるしかない。

誰でもゼロからビジネスを始められる

エドワード・ロウは、行動することによって成功を引き寄せた人間だった。ロウは自分の事業をおこしただけではなく、「ネコのトイレ」という新しいビジネスの領域を切り拓いた。箱のなかに砂利を敷いて吸湿性をもたせたネコのトイレのアイデアを思いついたのは、一九四七年のことだった。そして事業を売却するまでに、年商八五〇〇万ドルのビジネスに育て上げた（業界全体の売り上げも一億五〇〇〇万ドルに拡大した）。

最も注目すべきは、この一大ビジネス帝国の出発点が実にささやかなものだったことだ。ロウが最初に売り出したのは、砂利を詰めた重さ二キロちょっとの紙袋だった。ラベルも手書きだった。「ネコのトイレ——もう砂場はいりません。おしっこを吸収して、ニオイも消してくれます。ネコちゃんに聞いてください。これを選ぶはずです」

ロウは車に商品を積んでペットショップを回り、店主の前で使い方を実演してみせ、店においてもらえないかと売り込んだ。最初の数年間は、それこそタイヤをすり減らして一軒一軒売り込みを続けた。市場は文字どおりロウの独占状態だった。ネコがイヌを追い抜いて全米の家庭で最も人気のあるペットの座を勝ち取ったのは、ロウの貢献が大だ。

ピープル誌はかつてこう書いた。「ネコという種の歴史には、二つの大きな転換点があった。一つは、紀元前一五〇〇年のエジプトで人間の家の中で飼われるようになったとき、そしてもう一つは一九四七年、まっとうなペットとして認められたときだ。これは、エドワード・ロウが『ネコのトイレ』でネコの世界に一大センセーションを起こした年である」

いまの時代にこんなことは無理だと思うかもしれない。だが、そんなことはない。たしかに、国中の店を一軒一軒、車で回って売り込むより、もっと効率的な方法はあるかもしれない。それでも、資本がなくても、新しい商品なり新しいブランドなりをゼロから生み出してビジネスとして成功させることはいまでも可能だ。

ローリー・ファットというクライアントはカナダのバンクーバーでシンプルサーモンという会社を経営し、温めるだけでそのまま食卓に出せる高級料理の宅配ビジネスを行っている。シンプルサーモンの宅配食材は、業者を通じて一万を超す家庭に宅配されているほか、カナダ西部のセブン-イレブンでも販売されている。

ファットはこのビジネスを五〇〇ドルに満たない資金で始め、銀行の融資なしでここまで育て上げた。クレジットカードを駆使してやりくりをする以外は、顧客に配るニュースレターで募った小口の融資が頼りだった。ファットはこのほかにもビジネスを成功させるための賢い戦略をいろいろ実践しているので、私が主催する参加費一五〇〇ドルのマーケティングセミナーでスピーチをしてもらったこともある。

ニール・ボルターは一六歳で親元を離れ、こまごました大工仕事をしながら高校を卒業した。クローゼットの棚に関するビジネスを思いついたのは、近所の家で棚をつくっていたときだった。ボルターは各家庭でクローゼットに収納されているものを分析し、どういうふうに棚をつくって据えつければスペースを最大限に有効利用できて使い勝手が良くなるか研究しはじめた。友人から借りた二〇〇〇ドルを元手に、バン一台だけでカリフォルニアクローゼッツという会社を設立したのは一九八〇年、一八歳のときだった。ボルターはたちまちこの商売を成功させ、一五〇のフランチャイズを展開するまでになった。そして三四歳のときビジネスをそっくりキッチン用品大手のウィリアムズ・ソノマに売却し、莫大な財産を手にした。

これでおわかりだろう。資金がないというのはただの言い訳にすぎない。誰でも、ゼロからビジネスを始めることはできるのだ。

常識を破って成功する法 14

資金がないという理由であきらめてはいけない。元手が乏しくても、アイデアをビジネスに変えることはできる。そういう例はいくらでもある。逆に、資金がふんだんにあってもビジネスが成功するとは限らない。ほんとうに可能性のあるビジネスは、資金繰りが苦しくても破綻しないものだ。

第15章 「商品が良ければ売れる」のウソ

人間は、どこにもないものを欲しがるものだ。「物語」を求めているのである。

J・ピーターマン（通販会社創業者）

『アイデアで億万長者になる法』という本を出版して以来、発明家や新商品のアイデアをもっている人から相談をうけることが多くなった。こうした人たちのほとんどは、自分の考えた「新しい」「ユニークな」商品を守ることに血道を上げている（もっとも、本当に「新しい」「ユニークな」商品にお目にかかれることはめったにない）。誰かがもっと優れた商品を開発するのではないかと不安で仕方ないのだ。そして、自分の商品はユニークで優れているので放っておいても売れると信じている。

私に言わせれば、この人たちは「商品第一主義の妄想」にとりつかれている。残念ながら、こうした思い込みによってビジネスが成功することはほとんどない。

実は、重要なのは商品ではない。商品にまつわる「物語」なのだ。

商品は幻想で売れ

ご存知だろうか。ベルギーワッフルは、ベルギー発祥のお菓子ではない。実は、このお菓子はニューヨークで誕生した。高級フランス料理店ならたいていどこでも出しているビシソワーズという冷製スープは、おしゃれなフランス料理という印象がある。だが、「ビシソワーズ」というのは一九一七年にリッツ・カールトン・ホテルではじめてこのスープをメニューに載せたニューヨーク生まれの人物の名前からとった名称にすぎない。

「アリゾナアイスティー」という缶入り紅茶をご存知だろうか。大ぶりの缶。紫のサボテンと青い山並みというアメリカ南西部風のファンキーなデザインが描かれたラベル。アリゾナアイスティーは売り上げを伸ばしており、いまや全米で缶紅茶のトップブランドに躍り出ようという勢いだ。「アリゾナ」というブランド名に、サボテンのデザイン。消費者は、この商品がアリゾナ州とゆかりがあると思うに違いない。そして、灼熱のアリゾナで人々の喉の乾きを癒す飲み物なら、きっと自分の喉の乾きも癒してくれるはずだと思うだろう。しかし実はこの商品、レモンの風味を加えただけのごく普通の紅茶にすぎない。開発・製造・販売を行っているのは、ニューヨークのブルックリンに住む三兄弟だ。

ほんとうに驚かされるのは化粧品業界だ。あるブランドの商品と別のブランドの商品との間に違いはほとんどない。たとえば、スキンクリームの成分はどの商品もほとんど変わらない。違うのは、その商品の「物語」を支える目玉の成分だけだ。それはアロエベラの場合もあれば、羊の胎盤の場合もある。「ナンシー・クワン・パールクリーム」の場合は、真珠の粉末だ。太古の昔、東洋の王家の女性に伝えられた美の秘密——というのがこの商品の「物語」だ。実質的な成分にほとんど変わりがなくても、こうした魅力的な「物語」をつくり出した商品と、消費者にアピールできなかった商品の間には、天と地ほどの違いがある。

テレビショッピングの世界で仕事をしていると、「ユニークな新製品」と称するものを持ち込んでくる人が後を絶たない。そういう人は、自分の商品に絶大な自信をもっていて、私たちがその商品によだれを流して飛びつき、どこかの会社が大量の資金を投入して宣伝して売ってくれるものと信じ込んでいる。だから、冷たくあしらわれると腹を立てる人が多い。

だが実を言うと、私たちは同じような商品を飽きるほど見せられているのだ。なので、商品だけ見せられても興味はわかない。私たちが興味をもつのは、魅力のある「物語」とドラマチックな商品説明、権威のあるお墨付き、有名人の推薦の言葉、消費者の体験談、ユニークなネーミングがそろっている場合だ。商品は二の次なのである。

大切なのはどうやって売るか

私の故郷アリゾナ州フェニックスでプロイノベーティブ・コンセプツという会社を創業した二七歳の男性は、本人も「ばかばかしいくらい単純」と呼ぶ商品で、年商五〇〇万ドルのビジネスを築いた。その商品とは、「グリップボール」。握って遊ぶ小さなゴムボールだ。これを一〇ドルで売り出したときは、周囲のほとんど誰もが売れっこないと思った。

しかしこの男性は、このグリップボールを健康器具として売り込むことに成功した。ゴルファーやテニスプレーヤー、ミュージシャンの握力強化用に、そしてリハビリ患者の訓練用にと宣伝したのだ。さらには、ストレスを和らげる役に立つという触れ込みで、テレビショッピングで大々的に売り出した。企業のロゴをボールに印刷することで、広告料も取るようにした。

この人物は強い意志をもち、独創的で多彩な宣伝活動を展開することにより、なんの変哲もない小さなゴムボールから何百万ドルもの利益を生み出した。このゴムボール自体には、特別なところはまったくない。そのボールを使ってこの起業家の行ったことが、唯一「特別な」要素だったのである。

商品を守ろうとするのは無意味

自分のアイデアをまねされないようにすることばかり考えている起業家や発明家は、いずれ精神に異常をきたすのがオチだ。コピー商品の登場は避けられない。類似商品が登場するスピードは驚くほど速くなっている。まねする側にしてみれば、もとの商品をちょっと変えて売り出せばいいだけのこと。だからビジネスを守りたければ、商品そのものに頼るのではなく、その商品の市場での地位や売り込み方を守るべきなのだ。

それがうまくいっているのが、歯を白くするデンタルケアセット「パーフェクトスマイル」だ。この商品がテレビショッピングで成功すると、それこそ雨後のたけのこのように類似商品があらわれた。実際のところ、類似商品をつくること自体は難しくなかった。しかし、すべてをコピーすることはできなかった。「パーフェクトスマイル」というインパクトのある商品名、人気スターのバナ・ホワイトを起用した広告、テレビショッピングによる販売方法まではまねできなかったのである。

せっかくのアイデアを無駄にしないために

いびき防止用に鼻に貼るテープ「ブリーズライト」は、いまではすっかりおなじみの商品だ。だが、これも一歩間違えれば店の棚でほこりをかぶる運命になっていた。ブリーズライトがすばらしい発明品であることには文句のつけようがない。マーケットの規模も問題ない。アメリカだけでも寝るときにいびきをかく人は何百万人といるし、それと同じ数だけ夫や妻のいびきに悩まされている人がいる。発明家が心を躍らせる要素はすべてそろっている。しかし、それだけではなにも生まれない。

ブリーズライトに奇跡を起こしたのは、巧妙な販売戦略だった。ＮＦＬの全チームに商品を大量に送りつけ、肺へ酸素が通りやすくなり呼吸が楽になるので使ってみてほしいと頼んだのだ。一部のプロスポーツ選手が試合中にブリーズライトを使いはじめると、テレビ中継のアナウンサーが話題にし、ブームに火がついた。この戦略なくして、いまのブリーズライトはない。

もう一つ例をあげよう。書店に行くと、理想の恋人を見つける方法を書いた本が数十冊はほこりをかぶっている。それを尻目に、私の友人のポール・ハーチュニアンが書いた本は、毎月何千部も売れていく。おそらくすべての類書の年間売り上げを合わせたよりも、ハーチュニアンの本の一カ月の売り上げのほうが多いのではないだろうか。

ここに、成功をつかむための重要なヒントがある。ハーチュニアンの本の内容がほかの本より優れているわけではない。価格もほかの本に比べれば割高だ。成功の秘訣は、毎年バレンタインデーに焦点を絞って宣伝を行っていることにある。片っ端からラジオに出演する。九〇日以内にリスナーに理想の恋人を探すという企画を行うこともある。こうして何度もラジオに出演し、リスナーの電話相談に答えたり、恋人探しをしたりしながら、フリーダイヤルを窓口に本を売っていくのである。

成功をもたらしたのは本そのものではない。商品は本でなくても、ビデオテープでも、カセットテープでも、CD-ROMでも、あるいは媚薬効果のある香水でもよかった。市場に類似商品が登場しようとしまいと関係ない。その恩恵も受けない代わりに、ダメージも受けない。

ハーチュニアンは、商品を売る「システム」をがっちり守っているからだ。

常識を破って成功する法15

商品の力やオリジナリティを土台に成功したビジネスは比較的少ない。類似商品が出回ることを心配するのは、ほとんどの場合、時間の無駄にすぎない。商品のオリジナリティなどというものは幻想だし、そのオリジナリティを守り通すことは不可能だ。

商品そのものが富をもたらすことは極めて珍しい。市場でユニークな地位を占めて大きな利益を上げるためには、魅力ある「物語」、広告、マーケティング、流通などを工夫する必要がある。

第16章 「マーケティングの常識」のウソ

環境はおうおうにして活力を生み、秩序はおうおうにして惰性を生む。

ヘンリー・アダムズ（歴史家）

古い経営の教科書に載っている「マーケティング」の定義はビジネスの足枷になりはじめている。広告とマーケティングと営業と販売を区別する発想は時代遅れになっている。マーケティング部門が官僚的な組織と化しており、統計と調査データをまとめているだけの部署に成り下がっている企業があまりに多い。そんなマーケティング部門なら廃止しても一向に構わない。

今日、マーケティングとはどういうものであるべきなのか。望ましいのは、「起業家的マーケティング」だ。大企業に属していても、本物のマーケティング戦略家たるもの、組織人間に堕することなく起業家精神をもたなくてはならない。商品やサービスのマーケティングに携わる人は、常に現状に疑問をいだき、マーケティングプランやビジネス戦略を再検討する必要がある。マーケティングとは、顧客との結びつきを強めるための優れた方法を新たに考案することだ。この定義に照らすと、大半の企業ではマーケティングなどあってなきがごとしだ。

経済学者ジョセフ・シュンペーターの定義によると、起業家精神とは「創造的破壊」をいとわない姿勢を意味する。そして資本主義とは、新しい技術、新しいビジネスの方法、新しいマーケティング戦略の登場による混乱と痛みを通じて物質的発展を成し遂げるシステムのことを意味する。混乱が進歩を生むというシュンペーターの考え方には私も賛成だ。混乱のための混乱が報われるケースはたくさんある。

以前、ある会議に出席するためにコロラド州デンバーから車で二時間の場所にあるキーストーンスキーリゾートを訪れたことがある。私が行ったのは夏だったが、それでもすばらしい場所だった。スタッフとサービスの質の高さにも感心した。話を聞いてみると、スタッフの士気を高めるための工夫の一つは、頻繁に人事異動を行って従業員の担当職務を変えるというものだった。スキー場の運営責任者が販売部門に回り、スキー学校の校長が人工雪の責任者になる。

異動してくる管理職は、新しい部署の経験がないので、部下に頼らざるをえない。部下は大きな責任を与えられ、能力を証明する機会が増える。「新しい視点」を取り入れることにより、問題解決の新たな糸口が見つかる。もちろん、混乱は避けられない。しかしその混乱は利益を生む混乱なのだ。

私はこの戦略をあらゆる業種のクライアントに勧めてきた。幹部も重役室を出て店頭や電話で顧客に対応したり、工場で働いてみたりする。工場のスタッフにも顧客への応対を経験させる。こうして、すべての従業員にあらゆる職種を経験させる。他部署がどんな仕事をしているのかわからせるのだ。普通なら話す機会のない人間同士が言葉を交わす機会をつくるのである。

新しいチャンスを見つけよう

数十億ドルの年商を誇るコンピュータ小売り会社ゲートウェイの創業者テッド・ウェイトは、業界の常識を打ち破って成功した。既存の常識にいっさい背を向けて、コンピュータの通信販売に乗り出したのである。それまでは、コンピュータの通信販売は無理だというのが定説だった。しかしウェイトは、流通の過程を省いて、消費者と直接やりとりすることにより、徹底した低価格路線を可能にした。

ゲートウェイは厳密な意味でのコンピュータ会社ではないと、ウェイトは言う。「私たちがやっているのはマーケティングと販売と流通だけだ」業界の専門家の嘲笑を尻目に、ゲートウェイの売り上げと収益は急速に伸びた。

セールスや流通の常識に背を向ける姿勢が報われた例は枚挙にいとまがない。ラスベガスのリゾート施設べガスワールドをつくったボブ・ステュパックは、ダイレクトメールによる勧誘でホテルとカジノをいつも満員にし続けている。宿泊料は前払いで、すべてのサービス込みで三九六ドル。カジノで五〇〇ドル分遊べる特典つきだ。開業当時は業界の先輩たちからさんざんばかにされたが、いまステュパックを笑う人はいない。ベガスワールドは巨大なタワーがシンボルのストラトスフィアリゾートと名を変えて、トレジャーアイランドやシーザーズパレスなどの大手の向こうを張るまでになった。

マーク・ビクター・ハンセンとジャック・キャンフィールドは、大ベストセラーになった著書『こころのチキンスープ』シリーズを書店だけに頼って売ってきたわけではない。このシリーズは全米のベーグル店やコーヒーショップ、カイロプラクティックの診療所など、書店以外のありとあらゆる場所で、かなりの部数を売り上げている。書店以外のルートで著書を売ったのは、この二人が最初ではないし、最後でもないだろう。いまやアメリカでは、自費出版本も含めれば、書店で売られる本よりもそれ以外のルートで売られる本のほうが多い。この傾向は、今後も変わらないだろう。

小売り業界に常識は通用しない

常識を破る姿勢は、フランチャイズの小売りビジネスでは当たり前になりはじめている。たとえばファストフードチェーンも、昔なら思いもよらなかった場所に出店するようになった。ファストフード店が利益をあげるためには独立した店舗を道路に面して構える必要があるというのが従来の常識だった。しかし最近では、競馬場にダンキンドーナツがあったり、スーパーマーケットのなかにウェンディーズがあったり、空港にマクドナルドやドミノピザがある。マクドナルドは、米国内でシェブロンのガソリンスタンドへのミニ店舗の出店を進めている。ダンキンドーナツは独立型の店舗を三〇〇〇もっているが、非独立型の店舗も二〇〇〇ある。ウェンディーズは非独立型の店舗の出店場所を見つけるためタコベルから専門家を引き抜いた。

昔なら加盟店の「裏切り行為」とみなされた行動も、いまでは経営の安定と収益向上につながるとしてむしろ奨励されている。一つの店で、複数のファストフードチェーンの商品を売るケースが増えているのだ。たとえばシカゴのシアーズタワー内にあるピザチェーンのスバーロでは、ハーゲンダッツのアイスクリームとグルメコーヒーも売っている。ラスベガスのカジノでは、同じ人物が経営するサブウェイとダンキンドーナツとピザハットが三店舗並んでいる。

ファストフード業界だけではない。近い将来、自動車販売の世界も変貌を遂げるかもしれない。権威ある自動車業界コンサルティング会社、J・D・パワーは、「自動車ディーラーは食料品店や電器屋など、ほかの業界の小売店と同じ運命をたどるかもしれない」と、フォーチュン誌に述べている。つまり、いずれ消えてなくなる運命にあるというのだ。

いまや、新車購入者の一〇人に一人以上がディーラー以外で車を買う時代だ。会員制ディスカウントストアや共同購入グループを利用したり、通信販売やオンラインショッピングで購入したりする人が増えている。ディーラーの数も減っている。大手自動車メーカー各社は、傘下のディーラーの整理統合を強制的に進めている。

現在の自動車ディーラー制度は、一九一一年にビリー・デュランがシボレーを創業したときにつくり上げたシステムからほとんど変わっていない。はじめて大きな変化が訪れたのは、ゼネラル・モーターズ（GM）が「サターン」の販売に新しいシステムを導入したときだ。GM

はこの車を扱うディーラーを全米で三〇〇に限定することにより、熾烈な値引き競争を回避しようとした。こうすれば過剰な在庫をかかえる心配がなくなり、ディーラーは強引なセールスをしなくてよくなる。この結果、サターンは顧客満足度で好ましい成績を得た。

次の改革は、セールスマンをなくす、ひいてはディーラー制度自体をなくすことになるかもしれない。自動車ディーラーは強固なフランチャイズ契約や業界内部の結束を武器に、変革をずっと拒み続けてきた。しかし、市場の力が少しずつメーカーを動かし始めた。ディーラーによる鉄の支配もようやく揺らぎつつある。

小売業とサービス業におけるもう一つの新しい動きは、二四時間営業の普及だ。USAトゥデー紙の記事を引用しよう。「時間は深夜零時。キンコーズのコピーセンターには、煌煌と明かりがついている。コピー機がうなりを上げ、コンピュータはいつでも使えるようになっている。キンコーズはビジネスの新しい潮流の際立った例の一つだ。これまで通常の営業時間と考えられていた時間帯には忙しくて時間の取れない消費者のために、二四時間営業を始める業者が増えているのだ」

アリゾナ州フェニックスのある自動車整備業者は、大半の人が車を遊ばせている夜七時から朝七時の時間帯に顧客の自宅に出向いて洗車を請け負っている。ボストンのある会計事務所では、顧客の業務の邪魔にならないようにデータのコンピュータ入力スタッフを午後五時から深夜零時までの間に派遣している。

テレビショッピング業界にしてもそうだ。一般の広告主が手を出さない深夜や早朝の時間帯に放映される番組が年間約三億ドルを売り上げている。深夜二時に自動車を買うようになるのは、遠い先の話ではないかもしれない。

売上や市場シェアより大事なもの

企業経営で目先の利益を重視するのがアメリカ流で、長期的な視野に立って考えるのが日本流だと言われる。だがいずれにせよ、企業の業績を判断する基準は同じだ。売上高や市場シェア、利益率、収益の伸びがその基準になる。

しかし、私は以前から別の基準を唱えてきた。長期利用の顧客やリピーターの確保をもっと重視すべきだと、私は考えている。顧客ロイヤルティを高めることを最優先に経営を行えば、売上高アップなど経済的な目標もおのずと達成できる。

フレデリック・ライクヘルドの著書『顧客ロイヤルティのマネジメント』によれば、顧客ロイヤルティは、売上高や市場シェア、コスト、ましてや「エクセレンス」なる正体不明のものに比べて、収益アップやビジネスの成功にはるかに直結しているという。顧客ロイヤルティは市場の評価を最も正確に反映しているからだ。この本の言わんとするところは、収益を高めることをめざすよりも顧客ロイヤルティを勝ち取るよう努力せよという点に尽きる。常連客をがっちり抑えれば、収益はあとからついてくるというわけだ。ライクヘルドが紹介している例の一つが、トヨタのレクサスだ。六三％という業界一の同車種買換率を誇るこの車は、トヨタの全売り上げに占める割合はわずか二％なのに、全収益の三分の一近くを稼ぎだしている。

考えてみれば、成功やエクセレンス、価値の指標として、その企業やブランドを愛用する顧客の数にまさるものがあるだろうか。ところが、顧客ロイヤルティを把握する努力をなに一つしていない企業があまりに多いのが現実だ。

全米スピーカー協会の年間最優秀会員の選考基準も、リピーターを確保した人に不利になっている。一つの顧客から一年間に二〇回講演の依頼を受けても、一件の仕事としか計算されない。それに対し、二〇の顧客からそれぞれ一回ずつ依頼を受けた会員は、二〇件の仕事をしたものと計算される。この論法でいけば、同じ顧客から繰り返し依頼が入るスピーカーよりも、同じ顧客から一度きりしか依頼が来ないスピーカーのほうがプロとして優れていることになってしまう。しかし、核となる顧客と継続的な関係を結べる人のほうが、能力もビジネスのテクニックもはるかに優れているのではないのか。

こういうケースは、決して珍しくない。ほとんどの経営者は、新規顧客の数にばかり目が向いて、リピーター確保の重要性をすっかり忘れている。この発想が誤りであることは、自動車ディーラーの新規顧客に対するセールス費用と買い換え客に対するセールス費用を比べてみればわかる。おそらく五対一もしくは十対一で買い換え客のほうがコストが安くてすむはずだ。

売り上げ、市場シェア、収益などでわかるのは現在のことだ。未来のことはわからない。しかし、顧客ロイヤルティを基準に考えれば未来が予測できる。たとえば、ホテルチェーンに投資する場合、チェックすべきなのはどの数字だろう。四半期ごとの売り上げと収益の推移なのか。それとも、四半期ごとのリピーター客の割合なのか。

売り上げや収益は、不確定要素に左右されやすいし、人為的に操作することもできる。ライバルのホテルチェーンが潰れれば売り上げや収益が伸びるかもしれないし、新しい広告キャンペーンや航空会社と組んだキャンペーンが成功すれば短期的に数字が良くなるだろう。だが、ホテルが顧客を満足させているかどうかを正確に描き出す数字はリピーター客の数だけだ。

ミニ・コングロマリットになろう

私は中小企業のオーナーに、「ミニ・コングロマリットの勧め」を説いている。サービスや商品の種類を増やすのである。まったく新しい顧客を獲得するより、既存の得意先に新しいサービスを売り込むほうがずっと楽だからだ。

インク誌はこう書いている。「ある程度マーケティングの才覚があるビジネスマンなら誰でも、新しい顧客を獲得するためにかかる莫大なコストを惜しむ。しかし、ほんとうにマーケティングの才覚があるビジネスマンは、ただコストを惜しむだけではない。新規顧客獲得にかかるコストや競争をなしですませるために、顧客の数を増やすのではなく、すでに獲得した顧客との取引を増やすよう努力する。自分たちの商品やサービスを求める顧客を探すのではなく、自分たちの顧客に合った商品やサービスを探す」

これを実践しているのが私のクライアントのジェフ・ポールだ。ポールは、まずファイナンシャルプランナー向けに、次いで保険外交員向けに二種類のマーケティング講座を作成して、教材の販売を始めた。しかし、二、三年もすると市場をあらかた食い尽くしてしまい、新しい顧客を獲得するコストがだんだん高くなってきた。
そこで、既存の顧客を対象に、個別テーマに特化した出版物やテープ、ソフトウエア、セミナーなどを売り込み始めた。以前は収益の八割を新規顧客から得ていたが、収益の八割を既存の顧客からあげるようになった。利益率も向上したという。

常識を破って成功する法16

マーケティング、流通、セールスに関する常識はすべて忘れよう。営業時間の常識、商品の売り方の常識、ビジネスの成果の判断基準に関する常識は全部、ゴミ箱に放り込もう。古いルールは、新しい現実や新しいチャンスには通用しない。必要なのは、究極の常識破りの方法論。マーケティングの常識を頭から振り払い、最も効果的に顧客にアピールする方法、少ない顧客から少しでも多くの利益を得る方法をゼロから考えるのだ。

第17章 「マネジメントの常識」のウソ

誰にも、責めることのできる人間が一人だけいる。それはケンカの相手だ。

プレーオフの試合中に口論を始めたバリー・ベック
（ＮＨＬニューヨーク・レンジャース）

もしあなたが活発に株式投資をしていたり、フォーブス誌やビジネスウィーク誌やウォールストリート・ジャーナル紙をいつも読んでいたり、ハーバード・ビジネススクールの卒業生だったりすれば、企業の経営のあり方について一家言もっているに違いない。だが残念ながら、あなたの経営観は、火星人がカンザス州の農場から家畜を誘拐したというタブロイド紙の記事程度のリアリティしかない。

企業経営、なかでも大企業の経営というと、冷静沈着で慎重な経営者が膨大な量のデータや情報や専門家の意見をじっくり検討し、熟慮を重ねて策定したプランと健全なビジネス慣習に基づいて経営上の決断を下すというイメージがあるようだ。頻繁に会議が行われて、専門家がコンピュータの分析結果や調査報告書を持ち込み、ピンストライプのスーツを着込んだ名門ビジネススクール出身の人々が理路整然とした議論を戦わせ、理性的な人々が秩序立てて経営方針を決めていくという印象がある。

だが、私の知っている大企業に、そんな経営を行っている会社はない。たしかに、そういう企業も少なからずある。しかしその大半は経営が傾いていて、業界の先頭にたつどころかライバルの後塵を拝しており、新しいチャンスをものにするのではなく現状維持で精一杯だ。このような企業はたいてい、早晩消えていく運命にある。

企業の生涯は、次のようなパターンをたどるのが普通だ。第一段階は、迅速で大胆な経営を行うが苦戦を強いられる時期。第二段階は、成功を収めはじめて、行き当たりばったりの経営からプロフェッショナルな経営へ移行する時期。第三段階では、しだいに官僚的な体質になってきて、停滞期に入り沈滞気味になる。そして第四段階では、組織が肥大化し、身動きが取れなくなる。映画『ジュラシック・パーク』に出てきた病気の恐竜のように、寝返りを打ってそのまま起き上がれなくなる。

人々のいだいているイメージどおりの経営を行っているのは、この恐竜のような大企業だけだ。そんな会社は遠からず、死に絶えてしまう。

大企業の経営を成功させようと思えば、企業経営に関する固定観念を捨てる必要がある。私の経験から言うと、ほんとうに活気のある大企業では、数々の意思決定が起業家的な発想でなされている。自動車大手のクライスラーがコンバーチブルブームを復活させたエピソードはとくに有名だ。

経営難に陥っていたクライスラーが最悪の時期から抜け出しはじめたころ、リー・アイアコッカ会長は「そろそろまたお楽しみを始めてもいい時期だ」と考えたという。なにかわくわくするようなことをやりたいと思っていた。

ある日、アイアコッカと何人かの従業員の間で、「ルバロン」という車種をコンバーチブルに改造したらカッコいいのではないかという話になった。アイアコッカはほとんどその場の思いつきで、手作業で試作車をつくらせた。高い金を払って調査会社に依頼して、一年がかりで市場調査をさせるようなことなどしなかった。いきなり実物を一台つくってしまったのだ。

アイアコッカは、できあがった試作車であたりを乗り回した。行く先々で人だかりができた。

「この車が興奮を巻き起こしていることは素人でもわかった」と、アイアコッカは振り返る。

「リサーチは省くことにした。とにかくつくってみようと考えた。利益を生まなくても、いい宣伝になると思った」

クライスラーは、このコンバーチブルを初年度だけで二万三〇〇〇台も売り上げた。以来、この車は高い人気を集め続けている。

自分の直観を信用しよう

起業家として大成功を収めたキャシー・コルブは、著書『純粋な本能——ビジネスの未開拓の資源』のなかで「ビジネスの世界は学問の世界にならって、人間の本能を信用せず、それどころか見下している」と嘆いている。「企業は、人間の本能に基づく常識より、コンピュータを信用しがちだ……多くの経営者は、決まったやり方に従うよう従業員に求め、それに反する行動をしそうな社員を排除する。なんの根拠もないのに、仕事を成し遂げる方法は一つしかないと思い込んでいるのだ」

しかし、コルブは書いている。「最大の成功を収めたのは自分の本能を信じたときだったと、ありとあらゆる業種の大勢の経営者が言っている」

ジャック・ミンゴも、著書『あなたの知らないヒットブランド本当の話』でこう指摘している。「最も売れている商品の多くは、エキセントリックな人たちの直観とヤマ勘と熱狂によって生み出されている。ほんとうに新しいものをつくるためには、まったく新しい発想が必要だからだ」。ヒットする商品やビジネスを生み出すのはおうおうにして、秩序よりも混乱、分析よりも勇気、リサーチよりも直観、そしてビジネスの常識に従うことよりもそれを覆すことなのである。

ミンゴは、こんな興味深い事例を紹介している。まんなかに穴の開いている「ライフセーバーズ」というキャンディーがある。この商品は、まったくの偶然と経営者のやけくそにより誕生した。機械の不調によりまんなかに穴の開いてしまった不良品のキャンディーを山ほどかかえることになった経営者のクラレンス・クレーンは、これを浮き輪形キャンディーとして売り出すことで、最悪の事態をチャンスに転じたのである。

しかし、クレーンはある程度成功を収めると、ライフセーバーズのビジネスを安く売ってしまう。その事業を買収した人物が思いついたのは、スーパーマーケットなどのレジ脇にライフセーバーズのような低価格の商品を陳列して、客の衝動買いを誘うというアイデアだった。

一九一三年以来、ライフセーバーズは五〇〇億ロール近くを売り上げている。そのすべては、偶然の事故、やけくそとやむにやまれぬ必要が生んだマーケティングのアイデアから生まれた。慎重な計画もなければ、すばらしいビジネスプランも市場調査もしっかりしたデータもなかった。二人の起業家が思いつきでつくり上げたビジネスなのである。

誰がビッグマックをつくったか

マクドナルドの看板商品ビッグマックの場合はどうか。ジャック・ミンゴはこう書いている。

「これだけ大ヒットしているからには、優秀な経営陣による最新のマーケティング戦略のたまものだと思うかもしれない。しかし、実はそんなことはまったくなかった。第一に、アイデアそのものは、ほかのハンバーガーチェーンのまねだった。それに、一九六八年にビッグマックがマクドナルドのメニューに載ったのは、経営陣の英断ではなく、現場が経営陣の反対を押し切った結果だった」

アメリカの企業では、こういうことが日常茶飯事に起きている。経営陣は、現場の従業員に突き上げられ、引きずられて、悲鳴を上げながら進歩への一歩を踏み出す。経営者を進歩に導くのは、いつも頼りにしている高給取りのエキスパートたちではないのだ。

私自身、保険の世界でこの現象を実体験した。私はジェフ・ポールと組んで保険外交員の新規顧客獲得方法に革命を起こし、パメラ・イェレンと組んで保険会社の新人外交員採用方法に革命を起こした。大手保険会社もしだいに、不承不承ながらも私たちの斬新な手法を取り入れるようになった。その先頭に立ったのは、各社の現場スタッフだった。上層部に内緒で現場がこっそり新しい方法を試した例もあった。

保険会社が正式に新しいやり方を採用するのは、従来の業界の常識や慣習よりも私たちの方法のほうがはるかに効果的だということを第一線のスタッフが議論の余地もないほどに実証してみせたあとだった。それでようやく上層部は、おっかなびっくり新しいやり方を取り入れるのだ。なかには、腹立たしさを隠さない経営者もいた。

近い将来、保険会社のマーケティング方法は、大きく変化するに違いない。しかしそこに、いわゆる経営者はほとんど貢献していない。

話をビッグマックに戻そう。マクドナルドのフランチャイズ店ではじめて、ライバルチェーンの商品「ビッグボーイ」のまねをして二層に重ねたハンバーガーをテスト販売してみようとしたのは、ある有力な加盟店だった。しかし、このアイデアにはマクドナルドの創業者レイ・クロックが猛反対した。そこでこの店のオーナーは、上層部の目を盗んで、「非公認」の業者から「非公認」のバンズを仕入れて二段重ねのハンバーガーをつくった。嘲笑と反対を押し切って導入したこの新メニューのおかげで、店の売り上げは一二%も増えた。

その後、ビッグマックが全米の加盟店で採用され、売り上げはたちまち一〇%はね上がった。以来、この二段重ねのハンバーガーがマクドナルドの定番メニューであり続けているのは言うまでもない。それ以上に重要なのは、ビッグマックの成功が加盟店による実験的な試みに道を開いたことだ。ホットアップルパイやエッグマックマフィンもそうして生まれたメニューだ。経営者だけに任せていたら、こうしたヒット商品は誕生していなかった。

クロックも晩年には、このようなボトムアップ方式の新商品開発を支持するようになった。「ライバルにまねされるよりも早く、次の商品を開発しなくてはならない。そのためには、すべてのスタッフの頭脳を活用する必要がある。それが役員の頭脳であろうと、現場でフライドポテトを揚げている調理人の頭脳であろうと関係ない」。しかし当初、クロックは変化を妨げる頑固な障害だったのだ。

現場の独断専行が成功を生む

ナポレオンは陸軍の若手将校時代、兄弟に宛てた手紙の中でこう書いている。「軍上層部の指示にはいっさい注意を払ったことがない」。ナポレオンは、上司の命令を無視することによって頂点に上り詰めたのである。絶大な人気を誇る経営コンサルタント、トム・ピーターズの本の愛読者なら、上司の目を盗んで革命的なことを成し遂げる社内の反乱分子をピーターズが称賛していることはご存知だろう。

私のセールスマン時代のエピソードを紹介しよう。ある百貨店チェーンの書籍部門の仕入れ責任者が、クリスマスシーズンに私の会社が刊行しているプレゼント向け書籍を回転式ラックごと店頭に置くことに賛成してくれた。だが、問題があった。その百貨店チェーンでは、陳列用ラックを購入することも、業者側であらかじめ決められたセットでの商品を一括仕入れすることも厳しく禁じていたうえに、一〇月から一月までの期間はごく小規模な取引を除いて新規の業者に納入業者コードを与えることを認めていなかったのである。

そこで私とその仕入れ責任者は一晩かけて、一〇〇冊の書籍を一枚の発注用紙に一点ずつ記入していった。一回の取引が会社の規則で許される最低ラインに収まるようにするために、日付は二週間に振り分けた。業者コードは、もう取引のなくなった業者のコードを転用した。陳列ラックは無料ということにして、その代金は書籍代金に上乗せした。私の会社の側でも、この奇妙な注文書を通すのは簡単ではなかった。私たちはこの取引を成立させるために、十数もの社内規則を破るはめになった。

結果は、売り場面積あたりの売り上げの新記録をつくる大成功だった。仕入れ責任者は、ヘッドハンティングされて、もっと大きな会社に移っていった。

この仕入れ責任者が正しいと信じていることを実行するために、これほどまでに手の込んだやり方をして会社の規則まで破らなければならなかったのは、会社にとって恥ずべきことだ。しかし大企業では、どこでもこうしたことが毎日のように起きている。頭の切れるスタッフは、嘘をつき、上司をだまし、会社のばかげた規則の抜け道を探さなくてはならないのだ。

ウォーターゲート事件報道で名を売ったジャーナリストのボブ・ウッドワードは、かつて雑誌のインタビューに「優れた仕事は例外なく、上司に逆らって成し遂げられる」と答えた。

現場の反抗的な態度や個人プレーを許している会社もないわけではない。ケンタッキーフライドチキンやピザハットを傘下に収めるペプシコ社のCEO、ウェイン・キャロウェーは、現場への権限委譲を徹底し、従業員がアイデアを試すことを奨励している。

その結果、すばらしいサクセスストーリーも生まれた。たとえば、オクラホマシティーのケンタッキーフライドチキンの店舗で働いていた一七歳の若者は、まったく存在を知られていなかったデリバリーサービスについての手書きの宣伝をウインドーに掲げた。すると、なんとデリバリーサービスの売り上げが七倍に増えた。

ピザハットのモスクワの責任者は、一九九一年の旧ソ連のクーデター騒ぎのとき、クーデター反対の立場を打ち出したボリス・エリツィンのもとにピザ一五〇枚とペプシコーラ二〇ケースを無料で差し入れた。「電話で許可など求めてこなかった」と、キャロウェーは自慢げに言う。「彼はすべて自分の判断で行った」。現場に裁量を与えれば、失敗もある。だがキャロウェーは、そうした失敗に対して実に寛容な態度を取っている。

このような経営者は、大企業では極めてまれな存在だ。従業員が正しいと思うことをするために上司の目をかすめなくてはならないのが多くの企業の実情なのだ。

平等主義なんてくそ食らえ

テネシー州ナッシュビルで開かれたセミナーで、NFLのダラス・カウボーイズを二度にわたってスーパーボウルで優勝に導いたヘッドコーチのジミー・ジョンソンと同席したことがある。NFL史上最短の期間でジョンソンはカウボーイズを最下位からスーパーボウルに、屈辱から栄光に、どん底から頂点に導いた。高給取りのプレーヤーやわがままなスター、面倒なトラブルメーカーを一つのチームに束ねて勝利に導いた人物の言葉には企業経営にも通じる真理が含まれているはずだ。ジョンソンがナッシュビルの聴衆に語ったのは、「部下を全員平等に扱うべし」などと言うのはとんだたわごとだということだった。

ジョンソンに言わせれば、部下はそれぞれ別々に扱わなくてはならない。要するに、えこひいきを勧めているのだ。公正であろうとせず、結果重視でいくべきだというのである。経営理論の専門家は、驚くかもしれない。だが、戦場の指揮官が聞けばきっと納得するだろう。

ジョンソンは、頭の中でチームの選手に「点数」をつけているという。ミーティングや練習に遅刻せず、真面目にプレーし、常にピークのコンディションを保ち、ビデオや戦術の研究を怠らず、ほかの要求事項もきちんとこなす選手は、九点もしくは一〇点。ミーティングにはしょっちゅう遅刻し、尻を叩かないと真面目にやらず、体重管理もいいかげんで、ほかの要求事項もこなさないような選手は、二点か三点、良くて四点だ。

普段から評価の高い選手がたまにミスをしても、だいたい大目に見てやる。評価の低い二線級の控え選手がボールをファンブルして戻って来れば、胸ぐらをつかんで、「ボールを絶対に離すな！　さもないとクビだぞ」と怒鳴りつける。けれど、エミット・スミスがファンブルしても、「あのことはもう忘れろ。きっと取り返してやる。次にタッチダウンを決めればいいじゃないか」と声をかけるだけだ。

フェアではないかもしれない。しかし、これが正解なのだ。エミット・スミスはほかの誰よりもチームに貢献している。スミスはスーパースターであっても、わがまま者ではない。朝早く出てきて、遅くまで頑張る。戦術の研究にも余念がない。ボールにタッチすれば、いつも一〇〇％以上のプレーを見せる。それにひきかえほかの選手は、もっとウエートトレーニングをしろと言われれば文句を言い、ミーティング中にぼんやりしていたと叱られれば不平を口にする。スミスがミスをしても「誰だってたまには失敗する」と言える。しかしほかの選手のミスは、怠慢な行動パターンが招いた当然の結果と言われても仕方がない。

ジョンソンは以前、評価の低い選手がミーティング中に居眠りをしたとき、その選手が目を覚ましたところでクビを言い渡したエピソードを紹介した。居眠りをしたのが評価の高い選手だったら、そばに歩み寄って軽く肩を叩き、「起きろよ」とささやくだけにしていただろうと言う。フェアではない。しかしチームのことを考えれば、このやり方は間違っていない。

実を言うと、私の経営者としての経験は非常に限られている。部下や同僚をもつのが好きではないのだ。雇用主になると税務上いろいろ面倒だし、そもそも私は忍耐力のない人間なのだ。

それでも以前に一度、経営難に陥った従業員四二人の会社の経営を引き受けたことがある。ビジネス書で読んだマネジメント法に従ったために、ずいぶんたくさんの失敗をした。だが、成果もたくさんあげた。

その会社は、信じがたいほど生産性が低く、しかも製造する製品の半分以上は欠陥商品。従業員はやる気に欠け、無断欠勤も当たり前だった。だが、私の指揮のもと、欠陥商品の発生率は五〇%から七%以下に下がり、生産性は二倍に向上。無断欠勤はほぼゼロになった。

その過程でそれぞれの部署の「チャンピオン」に裁量を認める半面、少なからざる従業員を切り捨てた。

この経験を通じて、私は多くのことを学んだ。ビジネス書に書いてあるのと反対のことをしたほうがうまくいくということを知った。それから、ジミー・ジョンソンがスポーツの世界で学んだのと同じことも学んだ。成功を収めるためには、部下を平等に扱っていてはだめだとわかったのである。

えこひいき経営がうまくいく理由

『聖なる牛なんてハンバーガーにしてしまえ』と題した著書のなかで、ロバート・クリーゲルとデービッド・ブラントはこう書いている。「平等主義という『聖なる牛』が道に立ちふさがっていては、誰にも変革へのモチベーションを与えられない」。クリーゲルとブラントによると、全員を同じように扱うべしという発想はユダヤ教・キリスト教的倫理観のなごりであり、労働組合が掲げてきた目標でもある。しかし、そうした観念はマネジャーを縛る鎖になっている。

平等主義は、最も盛んに唱えられ、最も強く信奉され、最もよく実践されているマネジメントの理念だ。しかし、もっと成功する確率が高く、しかも理にかなっているのがジミー・ジョンソン流アプローチだ。スーパースターはその他大勢と区別してそれなりに処遇してやらないとうまくいかないし、創造性に恵まれた人材はそこらの事務屋とは違う扱いをしてやらないとやる気をもたせることはできないと、クリーゲルとブラントも述べている。平等主義は、創造性や愛社精神、仕事の楽しさ、精神的な充足感を押し殺してしまう。そこから生まれるのは覇気のない会社人間だ。

ある友人から聞いたエピソードを紹介しよう。この友人が働いているのは、一風変わった小規模な直販メーカー。かなりの収益をあげていたこの会社は、フォーチュン誌上位五〇〇社に名を連ねる大企業に買収された。新しい親会社は、大ざっぱな経営しかしてこなかったこの会社に本格的な経営システムを導入する準備として、高い金を払って雇った専門のコンサルタントを送り込んだ。コンサルタントは、工場の製造ラインのスタッフに対して用いるのと同じ「時間動作研究」と呼ばれる方法で電話セールス担当者の仕事の能率を調査した。

不運だったのは、この会社のナンバーワン・セールスマンが時間動作研究ではまったくと言っていいほど評価されない仕事のスタイルを取っていたことだ。なにしろ、この人物は朝七時に出社してくる日があったかと思うと、一〇時になってやっと出てくる日もある。職場で平気で競馬新聞を読みふけり、馬券購入の電話をかける。セールスの電話を一回かけるたびにコーヒーブレイクを取る。書類をきちんとファイルしていないので、資料を探すのに「無駄な」時間がかかるし、社内をぶらぶら徘徊したり、秘書をからかったり、昼寝をしたりして、途方もなくたくさんの時間を「無駄」にしている。

ところが、いざセールスの電話をかけると、これはと思う相手はまず逃さない。結局、月末に一カ月の成績がまとまると、いつもほかのセールスマンの三～四倍の売り上げを残していた。毎月の売り上げは平均で五万ドルにものぼった。さて、この話の結末に想像がついただろうか。

コンサルタントは親会社のオフィスに戻ると、この会社のセールス担当者たちの仕事ぶりがいかにだらしないかを報告した。とくにやり玉にあげられたのは、ナンバーワン・セールスマンだった。こわもての管理職を送り込んで厳しく規律を課せばもっと生産性が上がるはずだと、コンサルタントはアドバイスした。それを信じた親会社は、職業軍人あがりのセールスマネジャーを送り込んで、厳しく管理することにした。新しいマネジャーはさっそく規則をつくり、すべてのスタッフを同じように扱うことにした。全員が午前九時から午後五時まで会社に詰める。そしていっせいに四五分間電話に向かって、その後いっせいに一五分の休憩を取る。万事がこの調子だ。

ほどなくしてナンバーワンのセールスマンは会社を辞め、従業員をむりやり型に押し込めようとしない別の会社に移っていった。その後三カ月で、会社の売り上げは以前の三分の二程度にまで落ち込んでしまった。結局、親会社はこの会社を買収価格の半分以下の額で手放すはめになった。画一的な管理を行わず、えこひいきの経営を続けていれば、こんなことにはならなかったはずだ。

ZD運動の弊害

ミスを一切許さない、「無欠点（ZD）運動」も、間違ったマネジメントの鉄則の一つだ。一九八〇年代には、「品質管理（QC）」とか「エクセレンス」といった経営理念をむやみやたらに取り入れる企業が相次いだ。しかしそれが生み出したのは、革新的なことがなにもできない臆病な従業員の集団だった。ZD運動は、「思い切ったことをやって失敗を犯すなかれ」というメッセージを従業員に送ってしまったのだ。

フットボールの試合を見ていると、弱気なコーチの率いるチームが二線級のクオーターバックで試合に臨んだ場合、「ノーミス戦術」のせいで悲惨な結果を招くことがよくある。こういうケースで弱気なコーチは、「負けない試合をしてくれ」という指示をしてしまうことがある。これは、冒険はするな、リスクを冒すなと言うに等しい。

かつてアリゾナ・カージナルスを率いたバディ・ライアンが採用したのが、まさにこの戦略だった。攻撃陣には「負けない試合をしてくれ」と指示し、あとは守備陣が失点を最小限に抑えることを期待した。しかし、ライアンが指揮をとった二年間で、チームの成績はますます悪化し、選手の士気は落ち込み、ファンは離れていった。がら空きのスタジアムで選手はミスばかり犯すようになり、ついにライアンはヘッドコーチの座を追われた。

なにがいけなかったのか。第一に、「負けない試合をしろ」という指示は、個人や組織に対する心理的な影響を考えれば決定的に間違っている。人間はいちばん気にしていること、いちばん恐れていることをやってしまうものだ。

おろしたての高価なシルクのネクタイを締めて重要な商談に向かうとする。商談の前にランチを食べるとき、食べ物をこぼさないよういつになく念入りに自分に言い聞かせていると、まず間違いなく食べ物で服を汚してしまう。そんなことは日ごろめったになかったのに、である。会社でも同じことだ。上司がミスをするなと強調しすぎると、従業員はミスを恐れるあまりミスばかり犯すようになってしまう。

第二に、ミスを許さない姿勢はイノベーションをつぶしてしまう。湾岸戦争時に多国籍軍の指揮をとったノーマン・シュワルツコフ将軍がセミナーでよく口にするジョークがある。

湾岸危機の高まっていたある日、イラクの独裁者サダム・フセインは側近連中をずらりと集めて会議を開いた。議題は、どうやってアメリカとの戦争を回避するかだった。ある年長の側近が慎重な言葉遣いで具申した。「問題は、閣下とジョージ・ブッシュの個人的な感情の対立に発展しています。双方のエゴや面子が事態の解決を妨げています。戦争への流れを止める最善の方法は、いったん閣下が大統領を辞し、危機が去った後で再び大統領に戻ることです」。これを聞いたフセインは、拳銃を取り出してこの側近を射殺すると、言った。「ほかに、誰か意見は?」。これでは、意見を口にする者などなくなってしまう。

第三に、ミスを許さない姿勢は失敗を隠す体質を生む。そうした環境では、失敗や問題がずっと隠されたままになり、ようやく表面化したときにはもう取り返しがつかない場合が多い。リチャード・ニクソン大統領を退陣に追い込んだのは、失敗を許さない空気と恐怖心だった。失敗した人間は、「裏切り者」もしくは「無能」のレッテルを貼られて大統領の側近グループからはずされてしまうと、誰もがおびえていたのだ。

ニクソンがウォーターゲート事件についてもっと早い段階で事実を認めて、「私たちはとんでもない間違いを犯しました。このような事態が二度と起きないようにするために、次のような対策を導入します」と言っていれば、大統領を二期八年間まっとうし、悪者扱いされることなく尊敬を集めたまま退場できたはずだと、多くの政治学者や歴史学者は言う。私も同感だ。

ミスを許さない姿勢と対極にあるのは、なるべく早い段階でできるだけたくさんミスをして、そこから少しでもたくさんのことを学び、あとは失敗を笑い飛ばして先に進むという態度だ。新興企業を経営する友人たちは、これを「前向きな失敗」と呼ぶ。コストや無駄を最少限におさえたいと思うのは当然だが、失敗を恐れすぎては決してうまくいかない。ほんとうに偉大な業績は、ほとんどの場合、冒険をすることによって成し遂げられるのだ。

もう一つ忘れてならないのは、ほどほどで満足することの大切さだ。一九九三年九月二〇日号のインダストリー・ウィーク誌はZD運動について、「品質管理に狂信的になっている人たちは、収穫逓減の法則という古くからの金言を忘れているのではないか」と書いている。「コーニング社の製造部門チームは、企業が際限なくミスや欠陥の削減をめざす必要があるのか考え直す時期に来ていると主張する。要するに、欠陥ゼロというのはほんとうに究極の目標なのか、というわけだ。ヘルシンキ工科大学のノーマン・エデルソンのように、欠陥ゼロは究極の目標とは言えないかもしれないと考える専門家もいる。ミスを減らすことを過度に強調すると、企業の競争力が弱まりかねないことがしだいに明らかになってきた。常に改善をめざし続けるべきだと主張する論者はときとして、どんなにコストがかかっても、どんなに見返りが少なくても、品質管理への取り組みは常に正しいと言わんばかりだ。しかし私たちに言わせれば、そろそろどこかで一線を引くべきだ」

日本企業で強調される「カイゼン（改善）」という考え方の影響を受けている経営者は少なくない。しかし現実には、間違った状況で「カイゼン」に取り組むと、大失敗が待っていることもある。

簡単な例をあげよう。先に述べたように、私は以前、ある経営難の会社の経営を引き受けたことがある。私は、五〇％に達していた欠陥商品発生率を七％にまで引き下げた。しかし、これをさらに〇％に引き下げようと思えば、そのためのコストをまかなうために商品の価格を二倍に上げなくてはならなかっただろう。そんなことをすれば、得意先をすべて失っていたに違いない。現実の世界では、欠陥ゼロを達成する努力がいい結果を生むとは限らないのだ。

コストを度外視しても「エクセレンス」を追求すべきだと主張する論者は、実際に会社を経営した経験がないのかもしれない。この人たちの主張は、あまりに現実離れしている。

常識を破って成功する法 17

負けない試合をしようとすると、負ける。ノベーションを実現するためには、失敗を甘んじて受け入れる必要がある。むしろ、失敗を歓迎すべきだ。管理職は、失敗しても構わないと部下に思わせる環境をつくるよう心がけなくてはならない。もし失敗したら、それを教訓にして、同じミスを繰り返さないように手を打てばいい。

危険なのは、コストを度外視した完璧主義に陥ることだ。そんなことをしても、コストに見合う見返りは得られない。企業でダウンサイジングが進んでいる今日、妥協することを知る必要がある。際限なく完璧を追求するのではなく、どこでよしとするかをわきまえなければならない。

第18章 「無用の変革は禁物」のウソ

ナンバーワンになるまでは、変革を続ける必要があると思う。

リー・アイアコッカ（経営者）

ある企業の収益が五年ごとに倍増しているとする。そんな企業なら、改革など必要なさそうに思える。

一九九二年の時点で、ペプシコ社はまさにこういう状況にあった。しかしＣＥＯのウェイン・キャロウェーは、五年ごとに売り上げが半減している企業と見まごうばかりに、さまざまな改革を次々と断行した。飲料部門では、商品のラインナップを増やし、リプトンの瓶入りのアイスティー、スポーツドリンクのオールスポーツ、クリスタルペプシ、フルーツジュースを売り出した。スナック菓子のフリトレー部門では、「変革」が合言葉と言ってもいい。おいしくて新しくて脂肪の少ない商品をつくる努力が続けられた。そして管理職を一八〇〇人削減して事業をスリム化し、新製品を矢継ぎ早に送り出すことにより、ついにライバルのイーグルスナックを製造中止に追い込んだ。「経営陣のほんとうの実力は、変化を恐れない勇気がどれだけあるかによって決まる」と、キャロウェーはフォーチュン誌に語っている。

しかし、どのような場合に変革を行えばよいのだろうか。「無用の変革は禁物」「眠れる獅子を起こすな」「うまくいっているものはいじってはいけない」。誰でもこんな言葉を聞いたことがあるだろう。だが、大きなことを成し遂げる人間は、眠っている獅子を蹴っとばして叩き起こすくらいのことをしているのだ。

以前にも触れたNFLダラス・カウボーイズのオーナー、ジェリー・ジョーンズは、その最たる例だ。ジョーンズはカウボーイズを買収すると、伝説的なヘッドコーチ、トム・ランドリーをクビにして、プロでは未知数の大学チームの指導者を後釜に据えた。やがてその新体制のもとで、カウボーイズは二年連続でスーパーボウル出場を果たし、名門チームとしての栄光を取り戻した。収益も史上最高に達した。ジョーンズは九〇〇〇万ドルを稼ぎ出し、チーム買収のための借金も完済した。経営難に苦しんでいたチームは、NFL随一の黒字チームに変身した。なにも問題はないはずだった。ところが、ジョーンズはまたもや大改造を断行した。またヘッドコーチをクビにしたのである。後任に選んだのは、今度もプロチームでの経験のない大学チームのコーチだった。

ジョーンズは、広告、ライセンス問題、収益分配制度をめぐってNFL全体を敵に回した。チームのバランスが崩れるのを覚悟のうえで、自己中心的で傲慢だと悪名高いディオン・サンダースを獲得した。しかし、チームは混乱を乗り越え、プレーオフを勝ち抜いてスーパーボウルを制するまでになった。カウボーイズはこれまで以上のドル箱になった。

ジョーンズにとっては、物議を醸すことも思い切った冒険をすることも、これがはじめてではない。七〇年代にエネルギー産業で莫大な資産を築いたときも、ある一匹狼の地質学者のアドバイスをもとに、空振りに終わった試掘跡の間を掘って、油田を発見したのだ。

ジョーンズの言動は間違っているのだろうか。それは、この男の預金通帳をチェックしてから判断してほしい。「永遠に変わらないものはない」と、ジョーンズは言う。「変化を起こすことを躊躇してはいけない」

ゼロから始める興奮

人類が「うまくいっているものは、いじってはいけない」というルールに従っていたら、いまだに照明の手段は電気ではなくロウソクだったし、交通の手段は自動車ではなく馬車だっただろう。この原稿も、ワープロもパソコンもなしで書かなくてはならなかった。自動車にはエアバッグもついていなければ、ＡＢＳも備わっていなかったはずだ。家にはエアコンもないし、テレビのリモコンもなかった。世紀の大発明にせよちょっとした便利グッズにせよ、進歩や発明は、現状に対する建設的な不満から生まれるのだ。

トム・ピーターズの一九八二年の著書『エクセレント・カンパニー』で取り上げられた企業の三分の二は、その後約一〇年間の業績でスタンダード&プアーズ五〇〇社の平均を下回っている。倒産した会社もいくつかある。そこで近年のピーターズは、お手本になるような優れた会社のまねをしろと説くのではなく、大変革を起こせと唱えている。すべてをひっくり返し、あらゆる常識を問い直し、混乱をつくり出し、可能な限り頻繁に、そして可能な限り迅速にビジネスを変革せよという。『トム・ピーターズの経営破壊』でも、あえて混乱をつくり出そうとする経営者を称賛している。知識に首を絞められる前にその知識を忘れるにはどうすればいいのかと、ピーターズは問いかけている。

「知識は力なり」という格言を聞かされたことは何度もあるだろう。けれど、知識がありすぎると、実力のある人も足をすくわれる場合がおうおうにしてあると教えられたことはないのではないか。

知りすぎることとの弊害は、間違いなくある。私自身、四〇歳を過ぎると、二〇代のころには経験しなかった問題に悩まされるようになった。あまりに多くを知りすぎているために「あのときはああだった」という過去の経験をもとに勝手に結果を予測してしまうのだ。しかし、それが大間違いの場合もある。時代は変わる。環境も変わる。人間も変わる。日々、あらゆるものが変わっている。昨日正しかったことが明日も正しいという保証はどこにもない。物を知りすぎていると、えてしてシニシズムに陥りがちだ。

アメリカメディア界の大物バリー・ディラーがテレビショッピング専門のネットワークテレビ局QVCの経営に乗り出したときエンターテインメント業界関係者は一様に唖然とした。ディラーほどの名声のある人間がどうしてテレビショッピングなどという商売に手を染めるのかといぶかしんだのだ。

ピーターズの『経営破壊』に、ディラーの発言が紹介されている。新しい業界に飛び込んで、「まっさらな」状態から出発し、本能のおもむくままに行動して、いろいろなものを「ぶち壊す」ことが楽しくて仕方ないのだと、ディラーは言う。そうした新鮮な気持ちを持ち続けることの難しさもわかっている。スマートなやり方を身につけること、調査結果や情報の洪水に感覚が麻痺してしまうこと、業界の常識に染まること、それをディラーは「惰性のとりこになる」と呼ぶ。

惰性のとりこにならないためには、「いまの逆をやったらどうだろう」といつも自問し続けるといい。

常識の反対をやってみる

広告業界の人間の例に漏れず、私も以前は商品広告に関するある常識を信じていた。たとえばボウリングのボールをつくっている会社の広告なら、ボールを宣伝する。保険会社の広告なら、保険商品か会社そのものを宣伝する。しかし、「パーソナル広告」なるものを知って、私のやり方はすっかり変わってしまった。

「パーソナル広告」では、商品そのものの宣伝は少ししかしない。それよりも、広告主が商品を売りたいと思う対象に向けた宣伝という側面を重んじる。伝統的な広告のつくり方とは正反対だ。商品を売り込むのではなく、その商品にとって理想的な顧客にぴたりと照準をあてて広告を打つのである。

簡単な例をあげよう。引退の時期が近づいている自営業者にうってつけの金融商品の広告をつくるとする。その場合、ターゲットとなる顧客に向けた広告の文面は次のようなものになる。

警告！

もしあなたが自営業で、引退を考える年齢になっているなら……

あなたは税務署にねらわれています！　引退を控えた自営業の方、あなたは七つの大きな過ちを犯しています。もしかしたら一万ドル、ひょっとすると一〇万ドル以上も損をするかもしれません。公認会計士のような専門家でさえ、このことに気づいていないか、職務怠慢で正しいアドバイスを怠っています。私どもがつくった無料小冊子「自営業の方のための七つの節税法」には、相続、贈与、引退後の所得などについて税金を最小限ですませる方法が書いてあります。この小冊子を無料で郵送いたします。もちろん秘密は厳守します。詳しくは、以下の番号にお電話ください。

もう一つ具体例を紹介しよう。今度は、女性向け衣服を扱う店の広告だ。主にビジネスの場で着る高級ブランドの服を百貨店の三～五割引で提供している店だとする。

注目！　働く女性のみなさんへ
セールスの前にトップブランドの服が三～五割引で買えます
お金を稼ぐのは簡単じゃない。でも、キャリアにふさわしい服装をしなくちゃならない。となると、問題はお金の使い方。そこで、最新のビジネス&カジュアルファッションをデパートの三割～五割引で買う方法を紹介します。詳しくはこちらにお電話を。

こうした常識破りの広告は、どの程度効果があるのだろう。それは、結果が証明している。これまでに、さまざまな業種の私のクライアント企業七〇社近くがこの手法を取り入れて、従来の広告よりもずっと少ないコストで新しい顧客を獲得している。

「どうして?」と聞く勇気

物事が昔と同じやり方で行われているのは、「どうして?」と疑問を口にする勇気のある人がいなかったからにすぎない場合が多い。

先輩ビジネススピーカーから教わったジョークを一つ紹介しよう。

ある新婚カップルが新年のホームパーティを開くことになった。キッチンで料理を手伝った夫は、妻がハムの両端を切り落としているのに気づいた。「どうして、そんなことをするんだい?」と聞くと、「ママがそうしていたのよ」と妻が答えた。そこで、夫はリビングルームに戻って、妻の母親に聞いてみた。すると、「私のママもそうしていたのよ」と言われた。そこで、今度は老人ホームに電話して、おばあさんに聞いてみた。「家内がハムの両端を切り落としているので、なんでそんなことをするのか聞いてみたら、お母さんがそうしてたからだって言うんです。それでお母さんに聞くと、おばあさんがそうしてたからだって。それで、どうしてハムの両端を切るのか教えてもらおうと思って電話したんです」

「ばかな娘たちだね」と、おばあさんは答えた。「私がハムの両端を切っていたのは、そのころ家にあったフライパンが小さくて、ハムを丸ごと焼けなかったからなんだよ」

以前、ある企業でコンサルティングの仕事をしたとき、その会社では、セールスマンは同じ書類をノンカーボンコピーで四通作成して提出することになっていた。この制度が定められたのは三年前。その後、二度にわたってコンピュータシステムの大幅な変更がなされて、書類は二通しか必要でなくなっていた。余分な二通は、入力担当のオペレータがゴミ箱に捨てていたのだ。それでも、誰も疑問を差し挟むことなく、同じやり方が続けられていた。

誰でも自分のビジネスを洗い直せば、書類を捨てたりハムの両端を切るようなことをしているにちがいない。

いまビジネスの世界は、変化を求める圧力とチャンスに満ちている。石頭になるのではなく、頭を働かせよう。古いやり方にしがみつくのではなく、新しいやり方を試してみるのだ。

人間のエゴは、実に興味深い力をもっている。エゴは本来改めるべきものを墨守する原因になる半面、権力者が力を誇示したいがために大変革を断行する原因にもなる。

あるクライアントは最近、大規模な見本市で注文を受けつける方法を一新した。それまでの方法でも問題はなかったのに、新しい副社長は能率を上げようとしてそれを全面的に変えることにしたのだ。その結果、たしかに能率は上がった。だが、売り上げは一五％近く落ち込んでしまった。

こういうケースもあるので、慎重さをすべて捨ててしまうのはよくない。なにかを変えたいと思ったときは、その動機を冷静に見つめ直す必要がある。しかしおおむね、旧態依然のまま放っておくより思い切って変えてみるほうがうまくいく。

常識を破って成功する法18

とくに問題がなくても、とりあえず変えてみよう。疑問を投げかけてみる。物事をひっくり返してみる。いままでの反対をやってみる。経験に邪魔されて、実験を避けるようになってはいけない。今日は、昨日とはもう違うのだから。

第19章　常識破りの成功者たち

　最後に、私が感銘を受けた常識破りの成功者たちを何人か紹介しよう。顔ぶれは多士済々。生きた時代もさまざまなら、活躍した分野もいろいろだ。

D・D・パーマー博士

　D・D・パーマーがカイロプラクティックの治療と普及活動を始めたのは、一八九五年。カイロプラクティックとは、大ざっぱに言えば、人間には生まれつき適度な健康を維持する力が備わっているという発想に立つ治療法だ。妨げになるものさえなければその力は自然に作用すると、カイロプラクティックでは考える。要するに、健康は体の内面から生まれるという考え方だ。

現在では、カイロプラクティックの有効性は科学的にも立証されている。カイロプラクティック医の診療を制限し、最終的には医学界から葬り去ろうと企んだアメリカ医師会は裁判に敗訴した。

しかし当初、D・D・パーマーと息子のB・J・パーマー、そしてカイロプラクティックの診療と普及に身を投じた人々は迫害され、逮捕され、刑務所に送られた。それでもパーマー親子と支持者たちは、医学界の主流を向こうに回し、あらゆる病気を薬品と手術で治療しようとするやり方に異を唱えた。パーマー親子は、医学史上最も偉大な常識破りの治療法を打ち立てたのである。

今日では、カイロプラクティックはオルタナティブ医療やホリスティック医療などとともにかつてない脚光を浴びている。アメリカのカイロプラクティック界の顔とも言うべきディーパック・チョプラは、ベストセラーを次々と送り出し、有名人の信奉者も多い。しかし、医学界からは決して温かい目でみられていない。「あやしいテープを売りつけて、何百ドルもの金をだまし取っている」という批判は、まだ穏やかなほうだ。チョプラのような人たちのやっていることは、医学界全体から見ればいまでもやはり「異端」なのである。

ウォルト・ディズニー

今度、ディズニーランドに遊びに行くときは思い出してほしい。ウォルト・ディズニーがディズニーランドを構想したとき、専門家は誰一人としてその成功を予想していなかった。一九五三年、ウォルトは出資者を募るために、ディズニーランドの成功の可能性をスタンフォード大学の研究チームに調査させた。調査チームは、欧米の遊園地という遊園地を訪ね歩いた。そして、遊園地オーナーの会合でウォルトの計画を示し、出席者に意見を求めた。誰に聞いても反応はすべて一緒だった。ばかげているというのだ。乗り物の数が少ない。儲けに結びつかない施設が多すぎる。新しい乗り物は維持費がかかりすぎる……。たしかに、まともな投資家が相手にしてくれるような材料はほとんどなかった。

それでも、ウォルトはへこたれなかった。自分は遊園地をつくりたいわけではない。従来の遊園地とはまったく違うものをつくろうとしているのだ。だから、遊園地の専門家がどう言おうと、関係ないと言い切った。

ディズニーランド開園までの過程で、ウォルトはもう一つ常識を破っている。遊園地ビジネスの経験者をスタッフに登用することなく、映画のセットづくりの専門家を起用したのである。

トニー・ベネット

音楽専門テレビ局MTVによく登場するミュージシャンのなかで私のお気に入りと言えるのは、トニー・ベネットくらいのものだ。ベネットのスタイルは、デビューから四〇年以上がたってもまったく変わっていない。それなのに、ここに来て再びベネットの人気が高まっている。音楽のスタイルは昔のままだし、服装もタキシードかスーツというお堅い格好。そんなベネットが二〇代や三〇代の若者の間に新しいファン層を広げている。k・d・ラングとデュエットしたこともあるし、レモンヘッズ、レッド・ホット・チリ・ペッパーズ、ポルノ・フォー・パイロスのライブにも登場する。

ロックバンドでリードボーカルをしている二〇代の若者は、ベネットの自伝サイン会で、「純粋なスターって感じ。とびきりクールだね」と語っている。

ベネットの成功は、八〇年代半ばからプロモーションを担当している息子のダニーの賢明な戦略のたまものであると同時に、ベネットが一貫して自分の主張を曲げなかったためでもある。ベネットは、所属レコード会社にもっと最新の音楽、つまり自分の趣味に合わない曲を歌えと言われても、決してイエスと言わなかった。最近ではとくに若いファンの間で、ベネットやジヨニー・キャッシュやフランク・シナトラのように、自分のスタイルを貫き通したミュージシャンの評価が高まっている。

七〇年代には、もっと今風の曲を歌えという要求を突っぱねたために、コロムビアレコードとのうまみのある契約を失った。「ジャニス・ジョプリンみたいなのを歌えって言うんだ」と、ベネットは悲しそうに言う。「だから、言ってやったんだ。冗談じゃないね、と」

しかし八六年、ベネットはソニー傘下に入ったコロムビアに戻ってきた。今度はベネットが主導権を握って有利な契約を結んだことは言うまでもない。

ダニーの売り込み戦術は、音楽業界の常識に真っ向から反するものだった。戦術はいたって単純だ。「アーティストがファンに合わせるのではなく、アーティストにファンを合わせる」。そして「商品をいじらない」。シンセサイザーも使わないし、派手な衣装も着ない。他のジャンルの要素を取り入れた曲もつくらない。

この戦略は正しかった。トニー・ベネットは、ピアスにルーズなTシャツがトレードマークのX世代の人気者になった。それもこれも、ベネットがいっさい若者に迎合せず、スタイルや曲を変えなかったからだ。実に、型破りな生き方である。

刑事コロンボ

よれよれのレインコート姿の刑事コロンボがテレビに登場したころ、この番組は刑事ドラマのありとあらゆる定石、というよりもテレビ番組づくりの数々の定石に反していた。

カーチェイスの場面もなければ、暴力シーンもほとんどない。撃ち合いも殴り合いもない。刑事が暗闇であわや頭を殴られそうになる場面もない。コロンボは浮気もしないし、悪党に対しても丁寧な口をきく。服装のセンスは最低。人間の悪の部分に思いをめぐらせ、ゆっくりと忍耐強く捜査を行う。そして、最後には見事に事件を解決してみせる。

こんな刑事ドラマをテレビ局や映画会社に売り込もうなどとは、私だったら夢にも思わなかっただろう。

おわりに

　私のお気に入りの話をひとつ紹介しよう。

　死の床にある年老いたラビ（ユダヤ教の指導者）がいた。弟子たちは、ラビの寝ているベッドのそばに列になって控えていた。ラビの枕元にいちばん優秀な弟子、その隣に二番目に優秀な弟子、その隣に三番目に優秀な弟子という具合に並び、ラビの足下にはいちばん出来の悪い弟子が立っていた。

　最期の時が近づき、一番弟子がラビの顔をのぞき込んで、そっとたずねた。

「先生、逝かれる前に、最後にひとこと教えてください。人生のほんとうの意味とは何なのでしょう？」

　ラビは力を振り絞って、頭を少し持ち上げると、あえぎながら言った。

「人生は川のようなものだ」

一番弟子は隣の二番弟子に向かってささやいた。

「先生は、人生は川のようなものだとおっしゃっている。隣に伝えてくれ」

二番弟子は三番弟子に言った。

「先生は、人生は川のようなものだとおっしゃっている。隣に伝えてくれ」

こうしてラビの言葉は順々に伝えられて、いちばん出来の悪い弟子のところまで届いた。これを聞いて、いちばん出来の悪い弟子は言った。

「どういう意味なのでしょう？『人生は川のようなもの』というのはどういうことですか？」

今度は、この言葉が順々に伝えられた。「人生は川のようなもの」というのはどういう意味なのか、いちばん出来の悪い弟子が知りたがっている、と。

一番弟子はラビにこの言葉を伝えずに、自分のところで止めた。

「こんな質問で先生を起こすわけにはいかない。はっきりしているじゃないか。川は深い。人生も深い。川は曲がりくねって流れる。人生も曲がりくねっている。川の水は澄んでいるときもあれば、濁っているときもある。人生も澄んでいるときもあれば、濁っているときもある。いちばん出来の悪い弟子に、そう伝えてくれ」

こうしてこの言葉は順々に伝えられて、いちばん出来の悪い弟子にまで届いた。しかし、この弟子は納得しなかった。

「一番弟子の推測を聞きたいわけではないのです。先生がどういうおつもりで言われたのかを知りたいのです。『人生は川のようなもの』とは、どういう意味なのですか?」

いちばん出来の悪い弟子の言葉は、また順々に伝えられていった。

一番弟子は渋々、臨終まぎわのラビの顔をもう一度のぞき込んでたずねた。

「先生、申し訳ありません。いちばん出来の悪い弟子がどうしても聞いてほしいと言うのです。『人生は川のようなものだ』というのは、どういう意味なのでしょうか?」

年老いたラビは、最後の力を振り絞って頭を持ち上げるとこう言った。

「わかったよ。じゃあ、人生は川のようなものではない」

そう言って肩をすくめると、そのまま息をひきとってしまった。


この話のポイントは、大半のもっともらしい格言や教義は、犬の糞程度の意味しかないと言うことだ。

いちばん出来の悪い弟子の「くだらない」質問に答える前にラビが息をひきとっていれば、「人生は川のようなもの」という言葉は、ひとつの教えとして、忠実な弟子たちによって広められたことだろう。それを説くための書物が書かれ、カセットテープもつくられたに違いない。

私がなによりも望んでいるのは、この本の読者が、他人のつくった「揺るぎない万能の知恵」なるものをそのまま鵜呑みにしない態度を身につけることだ。

常識やルールや定石や鉄則に、異議を申し立てよう。

「くだらない」疑問を発することを恐れてはいけない。

権力の前に萎縮してはいけない。

常識なんて放り出して、あなたなりのやり方で成功をつかんでほしい。

著者◆ダン・S・ケネディ（Dan S. Kennedy）
マーケティング業界の第一人者。ビジネススピーカーとして、ジグ・ジグラーやブッシュ元大統領、ラリー・キングなどと全国で講演。また、「億万長者になるためのダイレクトマーケティング」のカンファレンスなども精力的に行っている。

監修者◆金森　重樹（かなもり　しげき）
ビジネスプロデューサー。
1970年生まれ。東京大学法学部卒業。パソコン一台で億を超える収入をつむぎ出すマーケティングの達人。ダン・S・ケネディなどのＤＲＭを学び、その天才的なマーケティング手法で数々のビジネス神話を生み出す。中小企業診断士、一級販売士、行政書士として、コンサルティング会社、不動産会社、法務事務所などを経営。主な著書に『インターネットを使って自宅で１億円稼いだ！　超・マーケティング』（ダイヤモンド社）、『行政書士開業初月から100万円稼いだ　超・営業法』（PHP研究所）など数々のベストセラーがある。
http://www.kanamori.biz
講演依頼・取材・問い合わせは03（5549）9606まで。

常識《じょうしき》の壁《かべ》をこえて
――こころのフレームを変《か》えるマーケティング哲学《てつがく》

2005年４月29日　初　　版
2017年３月17日　初版第７刷

著　者　　ダン・S・ケネディ
監修者　　金森重樹
訳　者　　池村千秋
発行者　　小林圭太
発行所　　株式会社ＣＣＣメディアハウス
〒153-8541　東京都目黒区目黒1丁目24番12号
電話　販売（03）5436-5721
編集（03）5436-5735
http://books.cccmh.co.jp

印刷・製本　株式会社厚徳社

ISBN978-4-484-05103-1
Printed in Japan

CCCメディアハウスの本

メンタル・タフネス ストレスで強くなる

ジム・レーヤー
青島淑子訳

スポーツ心理学の権威による精神力強化の決定版。ストレスを活用してキレない自分になるためのポジティブ思考法。本体一六〇〇円

[メンタル・タフネス]成功と幸せのための 4つのエネルギー管理術

ジム・レーヤー/トニー・シュワルツ
青島淑子訳

仕事でも家庭でも、最高のパフォーマンスを引き出す究極の自己管理術。あの『7つの習慣』のコヴィー氏も絶賛！ 本体一七〇〇円

ビジネスマンのためのメンタル・タフネス

ジム・レーヤー/ピーター・マクラフリン
高木ゆかり訳

スポーツ心理学の権威が、そのプログラムをビジネスに応用。欧米のトップ企業が採用し、絶賛したトレーニング法。本体一五五三円

自信をもてないあなたへ 自分でできる認知行動療法

メラニー・フェネル
曽田和子訳

英国の認知療法の第一人者が自己セラピーのスキルを紹介。自信のなさ、不安などあなたのいやな気分をほぐします。本体一八〇〇円

がんばりすぎるあなたへ 完璧主義を健全な習慣に変える方法

ジェフ・シマンスキー
小林玲子訳

ハーバード大学医学大学院の臨床心理学者が、あなたの完璧主義のいい部分を把握し、強化する方法を教えます。本体一八〇〇円

＊税が別途に加算されます。